甲子園の
名将に学ぶ、

これって意味
ありますか？

とすぐ聞く若手の
褒め方・叱り方

安田諒平
Ryohei Yasuda

報知新聞社

はじめに

部下（後輩）との関係に悩みを抱えるあなたへ

初めまして。僕は島根県の開星高校野球部を卒業し、現在は社会人になって丸3年が経った安田諒平と申します。

この度は本書を手に取ってくださり、ありがとうございます。

いきなりですが、こんなお悩みをお持ちではないでしょうか。

部下って何を考えているのかわからない。

若者たちをどうやってまとめたらいいかわからない。

最近の若者は別の星から生まれたのではないか。

これまで通用してきた、果てしない残業や飲み会、鉄拳制裁に年功序列が次々と否定され、数年前まで〝普通〟だったことがどんどん壊れていく感覚をお持ちかもしれません。

僕も社会人になって、周りの大人から若者への戸惑いを聞く機会が増えました。確かに、「忘年会スルー」や本のタイトルに採用した「これ（この仕事）って意味ありますか？」といった、今の若者を象徴するかのようなフレーズを耳にすることがよくあります。一言で言うと、意味を理解し、納得しないと何も取り組まない社員が急増しています。VUCA（※注）

の時代が来ると言われる将来、本当にそれでいいのでしょうか。

予測不可能な未来、つまりVUCAの時代が来ても変わらない大事なこと。

それを教える教師がいます。

若者たちを成長させ、強くし、さらには組織をも強くしてきた人です。それは、僕の開星高校硬式野球部時代の監督で、恩師の野々村直通先生です。指示待ち人間や自分さえよければいいと考える人、頑張ることを放棄した人。挙げればきりがないくらい様々な若者と向き合い、彼、彼女らを変えてきました。ただ単に勉強を教える訳ではありません。野球の技術を教える訳でもありません。社会でも役立つスキルを野々村先生独自のアプローチ方法と哲学で身に付けさせました。

本書ではその具体的な方法や哲学をお伝えできればと思います。野々村先生は、若者をただ変える教師であっただけでなく、その若者をあの甲子園に10度も連れて行った名将でもあります。お世辞にもレベルが高いとは

※注　VUCAとは、Volatility（変動性）、Uncertainty（不確実性）、Complexity（複雑性）、Ambiguity（曖昧性）の4つ。もともとは軍事領域で使われた「予測不可能な状態」を表す言葉で、最近ではビジネス界でも使われるようになっている。

言えなかった選手たちを鍛え、チームを強豪校と言われるまでに成長させた独自の教育論（指導方法）に、あなたの悩みを解決するヒントがたくさん隠れています。

社会人を3年間経験し、僕自身も、同世代の若者と上司世代の人との間にあるギャップを感じてきました。今の社会に対して違和感を覚えたこともあります。しかし、野々村先生の教えで、たくさんの困難を乗り越えられました。本書では、僕自身が持つ若者目線のリアルと、上司世代の考えるリアルの差を、野々村先生の教えを引用しながら、本書で埋めていきたいと思います。そのためにまず、野々村先生とは誰なのか、どんな人物なのかを簡単に説明します。

野々村先生は2011年まで教壇に立ち、野球部の監督を務めていました。定年後は、教育評論家兼画家として活躍しています。高校野球の監督では珍しい、美術科の教師でした。先生の描かれた絵も、本書で何点か紹介します。

見た目は、と言いますと……めちゃくちゃ怖そうです。

学校では全身真っ赤のジャージ、スモークがややかかった紫レンズのメガネ姿が定番で、鷹が獲物を狙う時のような鋭い目つきは一度会ったら忘れられません。写真を掲載しておきます。どうですか？　すごい迫力でしょう？

野々村直通監督（②）

ただし、この見た目と先生の実像は必ずしも一致しません。詳しくは本書で触れていきたいと思います。

野々村先生は2011年の勇退までの監督人生で、春3度、夏7度、甲子園に出場しています。結果だけ見れば順風満帆かもしれませんが、そうではありません。初めて赴任した広島県の府中東高校では野球部として成立していないようなチームを、その後に移った松江第一高校（現・開星高校）では女子校から共学に移行してできたチームを、ゼロから作り上げました。どちらも着任から6年以内に甲子園に導いています。練習環境が充実していて、野球エリートがすでに集まっているようなチームで監督をしていたのではありません。野球ができるグラウンドを作り、部員を集めるところからスタートして、東京大学に入るより難しいとも言われる甲子園に10度も連れて行ったのですから、そのすごさがわかると思います。

「犯罪者もどこかの会社の社長もみんな、始まりは教育である」。

これが野々村先生のポリシーです。甲子園に行くような野球部の監督でありながら、ミーティングで野球の話をしなかった野々村先生の教えは、ビジネス界にも人生にも応用できるものばかりでした。だから野球に興味がない人、嫌いな人も心配しないでください。本書は野球がわからなくても、理解できるはずです。

最後に、この僕が、なぜ本を書こうと思ったのか2つの理由を話させてください。

僕にはずっと昔から、教育界に関わりたいという強い思いがあります。高校時代も野々村先生のような監督になりたいと思っていました。メディアにも、そう言っていました。しかし、学校で学んだこと、野々村先生から学んだことが本当に実社会で活用できるのか不安もありました。教員になるための勉強をして、教員になって若者を育てる。もちろんそこに魅力はたくさんあります。しかし、「なぜ勉強しないといけないのか？」と生徒に聞かれた時に、何も答えられない自分が想像できてしまいました。だから一度、社会に出てみてどうなのか。自分の五感と第六感まで使って感じてみたいと思いました。学校教育と実社会、スポーツとビジネス、この架け橋になりたいと思ったのが1つ目の理由です。

2つ目は、恩師と教え子の架け橋になりたかったからです。本来なら野々村先生がご自身の言葉で、伝えたい思いや組織論を語った方がいいかもしれません。でも、それは一方通行だと思ったのです。

実際に野々村先生から学んだことは社会で活きているのか？

3年間学んできた生徒たちは実際どう思っていたのか？

野球に熱中した3年間は価値あるものだったのか？

世間に流通している書籍は、ある業界で実績をあげた方が書いたものが多いと思います。説得力があるからでしょう。しかし、社会に出たての、何の肩書きもない26歳の僕が学んだことや感じたリアルを、「教え子目線」で伝えることにこそ意味があるのではないか。

そう考えました。

若者と人生の先輩たちが手を取り合うために――。

最後まで読んでいただけたら、とてもうれしいです。

令和2年4月吉日　　元・開星高校主将　安田諒平

目次

第4章 ── 若者ビルディング

開星高校ＯＢの是津佳幸さんのお店「酒美食人」で、監督さん（右から２人目、右端が僕です）を教え子たちが囲みました。ちなみに店名は「守備職人」から付けたそうです

第1章

若者のリアル

◆先輩！　これって意味ありますか？

ここからは高校時代と同じように、親しみを込めて野々村直通監督を「監督さん」と読んで話を進めていきたいと思います。

上司、先輩の立場のあなた、右の言葉をどこかで聞いたことがありませんか？　若手社員から、どうしてこんな言葉が出るのか疑問でしょう。聞かれた上司は「やる気あるんか？」とか「つべこべ言わずにとりあえずやってみろよ」と言いたくなりますよね。そこは入社丸３年の〝若者〟である僕も、賛成できます。

あえて「これ意味？」の質問に答えるなら「世の中に意味のないことはない」です。

これまで受験に出る勉強だけしかしてこなかったのか。

利益に繋がることだけしかしないのか。

そして、自分に関係ないことは全て他人事なのか。

「これ意味？」の質問の裏にはたくさんの問題があると思います。

ここで「手考足思」という面白い考え方を参考までに紹介します。

意味は漢字の通り、手を動かして考え、足を運んで思う（考える）、ということです。何事も頭で理論や方法を考える前に、実際に行動をすることの大切さを説いています。やってみて初めてわかることはたくさんあると思います。

僕がこれまで親しんだ野球も同様です。頭で理論を考えるより、まずは体を動かします。

体でいろんな刺激を受けます。そこで得た感覚を身体の知に変換する、つまり考えてから動くのではなく、反射的に使えるところまで持っていってこそ自分の血となり肉となるのです。極限状態で戦うには、無意識の境地までたどり着かないといけません。

米国の大リーグメジャーで活躍するダルビッシュ有投手は、新しい変化球を覚える時は試合で練習するそうです。ダルビッシュ投手の例は極端ですが、理論で変化球を学ぶよりも確かに実戦、本番で投げてみて使えるかどうかを判断するのはいい方法です。投げてみないとどうしたら使えるようになるのかもわかりません。

下準備として、たくさんの調べものをする姿勢はとても大事です。しかし準備は、何か行動を起こす際、その行動をやめる理由付けになることもまた多いです。僕も「TOEICのテストは英語ができるようになってから受けよう」と思い続け、今でも思い続けるだけになっています。思いだけは人一倍あるのですが、いったいいつになったら受けられるレベルに達するのでしょうか（笑）。

実際に目で見て、肌で感じて、考える。まずは自分で行動しないとわからないことの方が、世の中にはたくさんある気がします。もちろん、考えに考えた結果の「これ意味？」は有益かもしれません。ただ、考えずに聞いてくる社員や、意味を理解できないと行動しない人に、上司は「いちいち意味を説明する時間の方が意味がない」と思ってしまうのではありませんか（言い過ぎましたかね）。上司は若い頃、そうやって学んできたから、部下にも同じことを求めるのだと思います。

それなのに部下が、どうして冒頭のような不可思議な発言をしてしまうのか。僕なりの考えをお話ししたいと思います。

最近、急速に働き方改革が進んでいます。特に最近は会社に出勤しないリモートワークも増えています。実際に大きく改革が始まったのは、僕が入社してから3年後です。2019年は「働き方改革元年」とも呼ばれましたよね。違法な残業やセクハラ、パワハラがどんどん明るみになり、多くの企業が働き方の是正に取り組み始めたのです。

この年の4月には「わたし、定時で帰ります。」（TBS系列）という、働き方について考えるドラマも放送されました。主人公は入社以来残業ゼロ生活を貫き、定時になると必ず退社する。そんな生活をしながら様々な問題に向き合っていく姿が人気を得ました。

実際にこういう環境で働いてみて、正直、僕は楽だと感じています。退社時間が日をまたぐことはありませんし、不適切な業務量が降ってくることもありません。休暇もどんどん取れと言われ、年2回、1週間ほど海外旅行に行く余裕もあります（！）。

今の環境だけ見れば、とても働きやすいというのが率直な感想です。立っているだけで汗をかくような真夏の猛暑日に、朝から暗くなるまで外で練習し、真冬は極寒の屋外で何重にも練習着を着込んで練習していた元球児にとっては、夏はクーラー、冬は暖房が効いたオフィスで、しかも座って仕事ができるのはそれだけでありがたい話です。

しかも、楽だと感じているのは、僕だけではありません。いろいろな厳しさがある体育会という組織に属してこなかった同期からも仕事の話を聞くと、同様の感想が返ってきます。時々、上司から聞く過去の悲惨な話と比べると、本当に楽になったと思います。これは紛れもなく働き方改革の結果です。

労働時間が短くなって、仕事の成果はどうだったのか、という点についても、想像していたよりも成績に大きな差はなかったです。むしろ、スピードと質を求められるようになって、効率は確実に上がっていると感じています。

そしてこれが、ビジネスマナーを変化させたように僕は思います。これまでは、どれだけ手間暇をかけた対応をするのかが、相手へのリスペクトと評価されがちでした。それが、いかに時間をかけないか、相手の時間を奪わないか、に価値が移りつつあります。遅刻の連絡をスマホのアプリで伝えることに、上司が違和感を持たなくなったのがいい例です。

このようにどんどん無駄を削減する働き方をした結果、若者は悪気なく深く考えもせずに「これって意味ありますか？」と聞くようになったのです。

聞いている理由がわかれば、発言の意図にうなずける部分もあるのではないでしょうか。見方を変えると、立ち止まって考えることをしなくなり、考える前に答えを探すようになった結果かもしれません。だから、彼らにとっては悪気もない素朴な疑問なんです。一方でもし、そこで明確に「意味がある」と言えないのであれば、それは必要のないものかもしれません。


ただ、改革を歓迎する一方で、「このままでいいのか？」と思ってしまう部分もあります。働きたくても働くことを制限されるからです。

確かに、不必要な労働時間を削るのに異論はありません。でも、先輩たちより覚えることも勉強することも多いのに、早く帰らないといけない状況では、なかなか仕事ができるようになりません。自分が成長できなければ、仕事に対するモチベーションもだんだん下がっていきます。

「働き方改革」と過去に様々議論になった「ゆとり教育」。企業と学校で場所は違えど、同じことが起きている可能性があります。

もちろん、働きたい人は退社してからも仕事をするし、他にやりたいことを頑張れる人は他人や会社に言われなくても行動します。だけど、みんながみんな、自分を管理できないと思うのです。

世の中には誘惑がたくさんあります。

楽しそうなこともいっぱいあります。

僕自身も反省しなくてはなりませんが、周囲との約束は破らなくても、自分との約束は破ってしまいがちです。今日はあれをやっておこうと思ったのに、また飲みに行っちゃった……という具合に（笑）。楽を一度覚えてしまうと、楽からなかなか抜け出せません。だから、仕事をやりたくてもやれない今の環境は、組織にとっても今後マイナスに働く可能性があると危惧しています（楽に逃げる僕みたいな若者がよくないんですけどね）。

ここで思い出すのが、僕の開星高校硬式野球部時代の監督であり、恩師である野々村直通先生（以下、監督さん）の言葉です。

「昔の日本人はやりがいのために働いていた。人に感謝されたり、感動させたりすることが先で、お金は後から付いてくるもの。それくらいの気持ちで仕事に取り組んでいた」。日本の企業が作る「メイドインジャパン」の商品が、世界でもトップレベルの評価を得た要因の1つにやりがいを最重要と考える思想があったからだと思っています。

これからの働き方改革は、監督さんの言葉を借りれば「働く意味改革」でなければなりません。つまり働き方の手法よりもまず「働く意味・意義」を再度、定義し直すことが必要です。極論、やりがいや働く楽しさを感じていたら、文化祭の前夜のように時間を忘れて何時間でも働けます。

これから1＋1が2にならないような時代が急速に押し寄せてきます。答えがないと踏み出せないなんて呑気なことは言っていられません。そんな社員を支えるのはベテラン社員のビジョンを持った率先垂範かもしれません。行動の大事さは行動で示すのです。

そして、若者もベテランも今一度、「働く意味改革」を行ってほしいと思います。

「誰の」、「何の」ために働いているのか。

それをお互いに共有できたら、「これって意味ありますか？」という質問は若者の口から出なくなると思うのですが……。どうでしょうか？

◆若者は本当に根性がないのか？

「転職」――。

僕の周りにも入社3年も経たずに辞め、別の企業に移る人がいます。ほんの少し前までは、定年を迎えるまで最初に入った企業に居続けることが一般的で、転職する方が稀でした。

若者が転職する理由は、給与や仕事内容への不満、人間関係、キャリアアップと様々です。転職を何度も繰り返す人さえ珍しくありませんが、これは周囲に転職経験者がたくさんいることが加速させている気がします。

そもそも就職活動自体に満足していなかった。

やりたいことができると思った会社でも、入ってみると想像と違った。

希望の部署に行けない。

そんな思いが湧き上がってきた時、自分のやりたいことがかなう会社が他にもたくさんあるんだと知っていると、無理してまでその会社に居座ろうとは思いません。他に移ることが、選択肢の1つになります。もし、身近に転職経験者がいなかったとしても、現代はインターネットからたくさんの情報が得られる環境です。若者にとって、転職へのハードルはかなり低くなっているのは間違いありません。

転職を繰り返す若者を見て、終身雇用で会社に居続けるのが当たり前と考える上司たちから「最近の若者って、根性なくない？」と職場や飲み会の場で言われます。それだけならいいのですが「一緒に仕事をしても、どうせ辞めるならテクニックや知識をあまり教えようと思わない」という声も聞こえてくるので、穏やかではいられません。確かに辞めていく可能性が高い部下に、わざわざ丁寧に指導しようと思えないのも理解できます。これって先代からの技術や知恵を伝承してもらうせっかくの機会を僕たち若者は自ら逃している訳で、それはもったいないないなと感じています。

しかし、若者は本当に根性がないのでしょうか。

根性のない人は、大きく2つに分かれると考えます。

① そもそも根性がない。

こういう人は、時代を遡ってみても必ず一定数います。性格や育った環境などいろいろな要因が考えられますが、これは今の時代に限った話ではありません。ですので、ここではあえてスルーします。

②　好きなこと以外に一生懸命になれない。

これが最近、顕著なので、上司は「若者に根性がなくなった」と判断するのでしょう。一定数の若者は、自分の好きなことであれば、多少辛い思いをしても一生懸命になれます。周りから見て一生懸命かどうかはさておき、僕がヒアリングした若者は「一生懸命になれる」と明言します。しかし、好きではない仕事を任されると、とたんに「辛い、辞めたい」と愚痴ばかりが出てきてしまうのです。上司の方々は、そんなこと思っても口にも態度にも出せない時代を生きてきたから、我慢できない若者が理解不能なのだと思います。

好きなことしか一生懸命になれない若者ばかりがそろってしまうと、会社には問題が発生します。全員が好きな仕事だけをしていて、会社という組織が円滑に回る訳がありません。僕たち若者もそれは十分、承知しています。承知はしているんですが、自分がいざ望んでいない部署に配属になった時は、やはり「転職」というワードが頭に浮かんでしまうのです。

僕も行きたくない部署に異動になれば、当然、「転職」は視野に入ってくると思っています。うーん、根性なしですね（笑）。

この問題を解決する理想は、全員が好きな仕事に就くことです。

おいおい、そんなこと、できる訳ないだろうが。

そんな声が聞こえてきそうです。確かに、そうです。その通りです。でも、大前提で、好きなことをするのが一番大事だと思っています（人生は一度きりですし）。

現在、日本の企業で一般的なのは、その仕事に必要な人材を探して採用するのではなく、新入社員を一括りで採用して、その後で各部署に割り振る形式です。だから、適材適所に人材を配置するのは難しい。それは、十分、若者たちもわかっています。だって最初から専門性を持った優秀な若者なんてそういないですからね。

それに、好きな仕事が必ずしも自分のためになる保証も、最初好きだった仕事をずっと好きでいる保証もありません。それでも適材適所、夢中になれる仕事を割り振ってほしいと思ってしまうんです。

では、会社が若者たちを「やりたい仕事」に就けられない場合、どうしたらいいのでしょうか。その時は、やりたい「こと」ではなく、さらに上位概念の「誰のために？」、「何のために？」を若者からヒアリングし、コントロールすることが大事だと思います。

同じ仕事でも「誰の」、「何の」ためにが明確になれば、やりがいは生まれるはずです。

自分のやりたい「こと」は、タイミングや環境などの外的要因があって、自分の力だけで近づけない可能性もあります。だけど、「誰の」、「何の」ために（例えば、「目の前の社員を」、「笑顔にするため」）というのは、自分の視界の中で設定可能です。だから、自分がわかりやすく変化を感じられるところにモチベーションを設定する方法もあります。

日頃、ふわっとした意味で使いがちな「価値観」を、上司と部下の間ですり合わせる。例えば、よく聞いてみたら、「自分の圧倒的成長のために仕事をしたい」という部下がいるかもしれません。そう意欲があるタイプであれば、やりたい仕事でなくても、やる気にさせるのは難しくないと思います。

上司と部下が対話を通して、部下自身の「価値観」を再定義すること。それが仕事へのモチベーション向上の一助になると思っています。

と、ここまでは上司に身勝手なお願いをしてきましたが、そもそも「好きなことしか一生懸命になれない」で本当にいいのでしょうか。

僕はこれに関してはＮＯです。

なぜなら、嫌なことや辛いと思うことも、乗り越えないといけない時が必ず来るからです。もし、好きなことを仕事にできたとしても、その中で地味でやりたくないことにも必ず出会うからです。

また、「計画的偶発性理論(※注)」からもわかるように、思ってもみなかったところに機会が転がっていることがあります。その時はきつい、苦しいと感じても、振り返って見るとそれが人生の転機だったということは少なくありません。

米国の実業家のスティーブ・ジョブズ氏も同様のことを言っていますが、最初は点と点で何も関連性が見えなかったものが、何かのきっかけで、線で結ばれる可能性もあります。だから若者も好きなことだけ(楽なことだけ、が正しいかもしれません)を一生懸命する、ではダメだと思います。自戒も込めて、ですけどね。

もし、本当に好きなことしか一生懸命にできないのであれば、中途半端に取り組んでいる人には見えない世界に行けるくらいまで頑張ってほしいと思います。

監督さんは、「勉強とは、勉を強いるものだ」と言いました。

※注　計画的偶発性理論(Planned Happenstance Theory)とは、米国スタンフォード大学のジョン・D・クランボルツ教授が20世紀末に提唱した理論。「個人のキャリアの8割は予想しない偶発的なことによって決定される」とし、その予期せぬ偶然の出来事にベストを尽くす経験の積み重ねで、よりよいキャリアが形成されるという考え方。偶然の出来事をこの理論に変えるには、好奇心、持続性、柔軟性、楽観性、冒険心の5つの行動指針が必要と述べている。

人の成長過程（特に若い頃）には、ある程度の強制力が必要だというのが持論です。「なぜ人を殺してはいけないのか」を論理的に説明するのも大事だけれど、「ダメなものはダメだ」と教えることも同じくらい大事なのです。これは会社組織でも同じで、上司が必要だと思ったことは、部下に強制してでもきちんとやらせるのは時にはありなのです。

ただ、その時に気を付けてほしい点があります。

①　スコープをそろえること。
②　過去を正当化し過ぎないこと、です。

①についてですが、入社したての社員が10年後に見たい景色は、入社して10年経った上司の今の姿ではありません。また、上司が10年前に見たいと思った景色とは異なります。時代も環境も変わるし、年代の違いでそれぞれ考えていることも違うからです。それなのに自分の経験だけから「この部署で一度、経験を積ませて」とよかれと思って配属しても、かみ合わないのです。

見ている道しるべが違えば、到着する先はまったく違う場所になってしまいます。だから、未来の話をする時にはまず「最初の視点＝スコープ」を部下とそろえた方がいいと思います。同じ場所に立って、同じ双眼鏡で、同じ目的地を見てほしいです。その上で自分のこれまでの知見を伝えてくれれば理解できると思います。

②に関しては、僕たちが高校時代に、監督さんやコーチからきつくて逃げたくなる練習メニューを与えられたことがいい例になります。半ば強制的に「やらされていた」ことで今は大きな財産になっているものもあり、そういう実感が得られると、人は自分の経験を正当化してしまいます。まさに、「俺の時代は～だった」です。これが、過度な上下関係や行き過ぎたしつけがなくならない原因の1つになっていると考えられます。

監督さんは、過去のチームをなぞって僕たちに何か言うことはありませんでした。むしろ、その代のカラーに合ったスタイルを築こうとするタイプです。共通していたのは「努力を継続する力を磨きなさい」ぐらいでした。

これだけは過去であっても未来であっても、変わらずに大事にされる要素です。「俺はやり切った」と最後に言える練習だけは、どの代にも求めていました。

高校時代に与えられた厳しい練習も、最後にやるかやらないかは自分の意志です。中途半端にするもよし、自分のためだと思って必死にするもよし。だからこそ、監督さんは、やるかやらないかの場面で〝自分に負けない人間〟を育てようとしたのだと思います。

「どうせやるならいい汗かこう」は、僕の好きな言葉の1つです。

部下に何かを強制的にやらせる時は、過去がこうだったからこのやり方が正しいではなく、部下が進みたいと思っている方向を知った上でトライさせてほしいと思います。

上司のあなたへ――。どうか、よろしくお願いします！

◆空気を読まない若者、空気を読めない若者

「それくらい察しろよ」、「普通に考えてこうだろ」。

そう言われた経験が、僕にもあります。

こういう時は、だいたい若者が空気を読めていません。しかし、「そんなこと言うけどさ、こっちが聞いてもハッキリ言わないいんだよね」と愚痴をこぼす人もいます。

そもそも日本では、はっきり言わない、言われなくても察することが美徳とされるのかもしれません。でも、僕たちからしたら、何がよくて、何が悪くて、そしてどうしてほしいのか、ハッキリ言ってもらいたい場面が往々にしてあります。おそらく上司にも、若い時にハッキリと言われずに振り回された経験があるのではないでしょうか。

監督さんいわく「日本人は昔から空気が読める民族である」。

例えば、飲み会などで誰かが口論になった時、周囲の人たちは「まー、まー、まー」と仲裁に入ります。「やめろよ」などの具体的な言葉がなくても、みんなが空気が悪くなったことを察し、何とかしようとしていることは伝わります。日本人はもともと行間を読んだり、人の気持ちを察するのに長けているのです。この長所がプラス方向にだけ働けば、いじめなんて絶対しない民族であるというのが監督さんの持論です。しかし、これはなかなか実現が難しいようです。

また、日本語には「気」という漢字が使われる単語が多く存在します。「元気」、「やる気」、「覇気」、「気合い」、「気さく」などなど。昔からよくも悪くも「気」を遣ってきた表れなのでしょう。


話を戻します。

若者が空気を読まず、遠慮なくズケズケと物を言うのは、情報がいつでも手に入る環境が影響しているように思います。

今はインターネットが世界を1つにしたお陰で、世界のどこにいても情報を取得できます。しかもそのスピードは年々早くなっていて、僕も通信制限がかかって反応が遅いだけでイライラしてしまいます。ほんの少し前はページが開くまで、あの画面に出るぐるぐる回るリングサークルを見ながら我慢できていたのが、今や耐えられないくらいです。高校野球であれだけ忍耐力を付けたはずなのに、なくなってしまったんでしょうか。怖いです(笑)。

気になることがあれば「すぐに知りたい」から、自分で何も考えもせず、反射的に知っている人に聞いてしまうのです。すぐに何でも手に入れられる（と思っている）世の中がそうさせているかもしれません。自分で調べて、考えてから上司に聞かない若者は問題ですが、一方で些細なことも話せる関係ができているという視点に立つと、悪い面だけではなさそうです。

監督さんはある日のミーティングで、半紙に筆で「上中下」と書いて選手たちに見せました。そして、裏返しにし、上下逆にしました。するとどうでしょう。そこにも最初と同様に「上中下」と書かれていました。これはお漬物の名前の由来にもなっている、沢庵《たくあん》和尚が唱えた「上中下三字説」からの引用です。

上が君、中が臣、下が民。

でも、ひっくり返せば上と下も一緒である。

上も下も関係なく、意見を言い合える環境が国作りには必要であることを説いているのです。

これは学校、会社組織でも同じです。

部下が無邪気に上司に対して意見できる環境（その中身の善し悪しは、ひとまず置いておいて）は、かなり重要だと思います。

空気を読まずに何でも聞いてしまう若者に、自分で調べ、考えてから発言するよう指導するのは言うまでもなく大切ですが、いわゆる報連相（報告、連絡、相談）や雑談ができる関係性を築くのも大事ではないでしょうか。

ちなみに開星高校野球部は、練習メニューを選手が決め、練習後、試合後の反省会も全て選手主導で行います。その時、後輩から先輩へ厳しい指摘が飛ぶことも稀ではありません。

次に空気を「読めない」若者についてです。

空気を「読まない」若者と同様、情報化社会が背景にあると思います。

彼らは生まれた時からすでにインターネットが存在していて、「デジタルネイティブ」とも呼ばれています。僕が子どもの頃は、まだ友だちの家の固定電話に連絡して、遊びの約束をしていました。それが今では、会いたい人と直接やりとりをして予定を組めます。

一見、便利で効率がいいように思えるのですが、大きな問題もはらんでいます。

それは「リアル」を疎かにしてしまうことです。

直接会うことを嫌う人も出てきました。僕がある時、景色のいいところへ旅行に誘ったら、「景色はネットで見れば十分じゃん」と返されたことがあります。インターネットで見る景色と実際の景色には雲泥の差があるはずなのですが……。

空気を「読めない」のは、リアルな世界より、インターネットの世界で人間関係を結んでいるからではないでしょうか。ＳＮＳでのコミュニケーションは、相手の声や表情から行間を読む必要がありません。言葉をありのまま理解すればいいのです。会話の余白を楽しむ、なんてありません。その結果、対面して、何かを感じ取る力が衰えつつあるのだと思います。例えば「女性の大丈夫は大丈夫じゃない」らしく、男性が「大丈夫」をそのまま受け入れて問題が発生するケースもあるようです（笑）。

若者は、意識してリアルを大切にした方がいいと感じています。

僕も「インターネットで調べても出てこないものを体験しなさい」と言われたことがあります。人間的な部分はオンライン上だけでは育ちません。それを心掛けていると、まさにリアルにこそ、たくさんのヒントや成功の秘訣が散らばっていると実感できます。

そういった場を提供して、大事さを説く上司が周囲にいてくれたら幸せだなと思います。

わがままを言い過ぎでしょうか？

◆褒めて伸ばすは、部下に利用されて終わり

教育関係のニュースや記事、書籍などで「褒めて伸ばす」というフレーズを目にするようになりました。

褒めて伸ばすのがいいか。

叱って伸ばすのがいいか。

これから先も議論は続いていくでしょう。でも確かに、人間は誰しも叱られるより褒めてもらった方がうれしいに決まっています。


最近の学校では、生徒を廊下に立たせただけで体罰と言われ、少し口調を荒げるとパワハラだと言われます。怒られている動画を撮影する子どもまで出てきた、ひどい時代です。子どもと先生、部下と上司など、これまではっきりと引かれていたはずの線が消えつつあります。

会社でも「昔みたいに注意したくても、注意できない」、「よかれと思って注意しても、万が一、何か問題になるくらいなら、後輩とは極力話さない」という声をよく耳にします。「先輩、これって〜」の項で取り上げたように、今の学校教育界で起きている問題が、会社でも同じように起きているのです。

この問題は、叱りにくい環境に先生や上司が追い込まれていること、叱られると若者はすぐに自信をなくしてダメになってしまうこと、また、それを問題にしたがる親子や周りの存在が絡み合っていて深刻です。

しかも「言わずに察する」のが美徳とされてきた日本では、たくさんの人が正しい意見を持っていても、おかしな意見を持った人に対して「おかしい！」と正面から言い切れる人自体が少ないという問題もあります。

本来は、叱るから褒める効果が上がり、その逆で褒めるから叱る効果が上がるものです。つまり、褒めるか叱るかの2択ではなく、褒めると叱るのバランスが大事なのです。だから「褒めて伸ばす」だけの今の世の中は、若者にとってかなりマイナスに働いていると思った方がいいと思います。

そもそも、なぜ、褒めて伸ばすだけではダメなのでしょう。

褒めて伸ばそうとする人は、褒めればその人が自信を持って行動するようになると思っています。そして何より、褒めていれば相手が嫌な気持ちにならないため、不登校になったり、会社を辞めたりするような事態を防げます。相手にも、自分にもウィンウィンです。

これには一理あります。

しかし、自信とは「自分で」何かを達成したり、困難を乗り越えたりしないと得られません。褒められて得られるものではありません。何から何まで誰かの力を借りてやったことは、自分を支える自信にはなりません。自力で乗り越えた経験こそが、最後に自分を支えてくれます。

僕も社会人になってから異様に褒められた経験がありますが、高校時代に監督さんから怒られ慣れた身としては、かなりの違和感を覚えました。だって、そんなに立派な仕事、していたはずがありませんから（笑）。

確かに、「まだ右も左もわからないのだから」と若者に手を差し伸べて、助けてやらなくてはならない時はあるかもしれません。それでも可能な限り、自分の道は自分の足で歩かせるべきではないでしょうか。

自分でやって、失敗して、もう一度、自分で何とかしてみる。

よかった、何とかなった！

この経験が、成長には必要だと思います。

最後は結局、上司がやってくれる。

困った顔をしていれば誰かがすぐに力を貸してくれる。

そういう経験を重ねてしまった若者が、上司や周りから助けてもらった時に持つのは、感謝の心ではなく、困ったように振る舞っておけば「自分の思い通りになるんだ」という感情です。もちろん、表面上は感謝いっぱいの演技をしますが、それにだまされてはなりません。

そして、ついには自分で行動しようとしなくなります。

褒めて伸ばすばかりだと、部下にいいように利用されて終わるだけです。

あなたはそれで本当にいいでしょうか？

僕なら嫌です、そんな役回り……。


そうは言っても、うまく叱れないんだよなあ。そう思われるかもしれません。

そんな方のために、これまでに何千回、何万回と生徒を叱ってきた監督さんが、気を付けているポイントを教えてもらってきました。

①「誰を」、「どれくらい」叱るのか、または褒めるのか。
この「対象」と「程度」は、叱る前（褒める前）に冷静に判断をするそうです。程度を

測るには、日々のコミュニケーションが大事だと力を込めます。70人ほどいる選手の中から「最近ワシから目を逸らす選手がいる」と言い、その選手の私生活の悪行を当てたこともあります。当時この話を聞いて以来、主将として全選手のいいところと悪いところを言えるようにしようと心掛けるようにしました。全員同じ叱り方というのは、現代でなくても通用しません。褒めて伸びるタイプ、叱って伸びるタイプ、大きくはこの2つの分類から判断をしていきます。

②「本気」で叱ります。褒めるのも「本気」です！
監督さんは「叱る瞬間は、相手を心から憎むくらいの気持ちや」と言います。確かに叱っている時の監督さんからは、殺気が出まくってます。殺気ですよ？　本気で怖いです。ちなみに、褒めるに値することが起きた時は、大げさに褒めるのがポイントです！　褒めるに値しない時に、機嫌取りのために褒めるのは逆効果です。

③　叱った後にネチネチしない。
これは地味に多いのですが、叱った後も叱った時の話をずーっと引きずって何度も繰り

返す人がいます。直接言わず、裏でコソコソ言う人はもう論外……。監督さんは絶対にそんなことはしませんでした。「叱られた生徒は反省して、次回から行動を改める。それを監督の俺が、まず信じてあげないと」だそうです（この未来思考は本当に見習いたいです）。

さらに、叱ると褒めるの比率が、もう1つのポイントになります。

監督さんの基本は、叱るが7割、褒めるが3割くらい。このバランスも当然、人それぞれになります。多めに叱っても大丈夫なのか、ダメなのかは、普段の様子を観察すればわかるはずです。

教育の目的は、あくまで部下（生徒）を成長させることです。

褒め続ける教育は結果的に、部下を甘やかし、仕事をできなくしてしまいます。褒め続けるのが、本当に目の前にいる部下のためになるのか、会社のためになるのか。改めて考えてみてほしいと思います。

最後に、僕と同年代の、叱られ慣れていない若者たちへ――。

僕の個人的な考えですが、神様に実体はありません。

でも、存在はしていて、見守ってくれていると思います。

じゃあ、人間のような実体を持たない神様は、どうやって僕たちにアドバイスをくれるのでしょう。

それは「人を介して」です。

周囲にいる人の口を借りて、教えてくれるのです。

人からの助言や注意事項、叱責さえも神様からのアドバイスだと思って、取り入れる、取り入れないの判断は、まず聞いてからにしませんか。

聞く耳を持つ。

それから自分に必要なのかどうかを判断する。

僕はそう心掛けています。そう心掛けている、ということは、本書でえらそうなことを言う（と、思う人は多いかな？）僕も、努力しているんです。

叱られるのが嫌だから、とスルーしてしまったら、自分に大切なことを受け取れなくなると思います。

叱られるのは面白くないけれど、いったん受け止めてみませんか？

◆若者がついていきたいと思う人

会社で優秀な成績を残し、歳を重ねて、与えられるのが役職です。課長、部長、役員など会社によって、取得要件も名称も異なります。

入社して驚いたのは、社内の権力者の周りにはやけに人が集まること、周囲の人たちが権力者のご機嫌を取っているのを見たことです。

あの人がOKと言えば、全てOK。自分のやりたいことを通すためではなく、とりあえず決裁をもらうために必死ですり寄る姿は正直、少し異様でした。もちろん、「それが社会人としての務めだ」、「そんなことも我慢できないで、仕事ができる訳がない」と言う方もいるとは思います。それはそうなのですが……。

僕はとある仕事で、「この案件の決定権を持つのは俺だぞ！」と語気を強めて言われたこともあります。確かにその人の一言で何十人もの部下、場合によっては関係各所数百人、数千人が動くこともざらです。でも、そう言われて、何だかすうっと気持ちが冷めてしまう自分がいました。

権力は、目に見える力です。

そもそも権力（役職）を得るには、何か結果を残して社内競争に勝たなくてはいけません。だから、権力を持っている事実自体は、賞賛に値すると思います。個々の努力の成果です。しかし、権力を活用しているというより、権力を振りかざしている人も少なからずいます。「あなたに権力がなかったら、誰がついていきますか?」と聞きたくなるような人です。周囲の人はたぶん、その人の力を利用しようと思うことはあっても、その人のために働きたいとは思いません。

なぜ、そんなふうに思うのでしょう。

何が違うのでしょうか。

監督さんは「人の上に立つために大事なのは、畏敬の念だ」と言います。

畏敬には、畏《おそ》れと敬いが込められています。

畏《おそ》れは「恐れ」とは異なり、監督さんはそれを「権威」とも表現します。

権威は、物理的な力である権力とは違い、抽象的なものです。

権力と大きく異なるのは、成果に対して与えられるものではなく、周囲が勝手に抱くものだということです。言い換えると「影響力」かもしれません。

高校時代、監督さんに「新チームのキャプテンは安田になりました」と伝えに行ったところ、「立候補か？『俺がキャプテンになります！』もいいが、周りから『お前しかおらんからなってくれ』と言われることも大事なんだぞ」という返答をもらったことが印象に残っています。僕は小学校から高校まで、学級委員長や生徒会は全てが立候補制で、それ以外で要職に就く方法は考えたことがありませんでした。そこから周りが自然についてくる人とは、どんな人なのだろうと考え始めたのです。

では実際、若者はどういう人間に権威を感じるのでしょうか。

その前にまず、上司によくいる2つのタイプを挙げてみます。

①　自分がリスクを取り、チームメンバーには裁量権を与えて自由にやらせるタイプ。
②　自分のリスクヘッジのために、チームメンバーにもリスクヘッジをさせるタイプ。

①の上司がいいことは、誰でもわかるでしょう。

しかし、現実では②の上司が評価されます。日本の企業は特に不祥事やミスを嫌います（当然ですが）。そのため、ミスなく仕事をこなす人が評価されて、権力を持つようになっていきます。これでは権力は手にできても、権威はなかなか得られません。

監督さんは、甲子園出場を決める大事な試合の前には、選手全員を集めて次のように言いわたします。

「試合に負けたら監督の責任。そして俺の最後の夏じゃない。お前らの最後の夏や。だから思いっ切りプレーせい」。

開星高校野球部は、監督さんの怖い外見から「部員は絶対服従」のチームのように見られがちです。しかし、例えバントのサインが出ても、状況を見て打った方がいいと選手が判断すれば、サインを無視しても問題ありません。

それは監督さんが選手を信じているからです。

そして選手も監督さんを信じています。

もちろん、練習中も試合中も、何とも言えない緊張感にベンチは包まれていますが（笑）、思い切って野球ができる環境にあることは間違いありません。

「殺されるのでは」と震えるほどの緊張感の中で、思い切って自分のプレーができるくらいでないと、大舞台では実力を発揮できません。まあ、監督さんの下でないと、そんな経験もなかなかできないでしょうが……。僕は経験できてラッキーでした。大人になった今は、心からそう思っています（ホントです）。

監督さんは勝っても「俺のお陰」などとは言いませんが、負けた時は必ず「俺の責任だ」とはっきり言います。だから選手たちは「監督さんのために、何とかしたい！」と本気で思い、例え格上であっても勇気を持って相手にぶつかっていくのです。


権威は経歴や優れた技術から生まれるものではありません。

明確な哲学とビジョンを持っている人。

リスクを恐れない人（恐れていても表には出さない）。

腹をくくれる真の強さと周りを何とかしようとする熱い心を持っている人。

そういう人に権威を感じて、若者はついていきます。役職とはほど遠いところにいる若者も、実は上司をよく見ています。

人が動く理由は、恐怖、情、やりがい、対価などいくつもあります。

権力を振りかざす人に従うのは、自分に利益があることが最大の動機です。

権力を振りかざす人が周りを動かしているのではなく、実は周りから動かされていることは、僕たちでもわかっているのです。

コラム 1

「最後のミーティングはしたくない」

高校野球や高校サッカーのテレビ番組ではよく、負けたチームの最後のミーティングが取り上げられます。監督から選手への感謝の言葉や、その逆の選手からの言葉に視聴者のみなさんはもらい泣きをすることでしょう。これまで厳しく接してきた監督たちが、選手たちへ涙目になりながら感謝の気持ちを伝えるシーンは確かに感動します。放送する側としてもかなりの〝撮れ高〟になります。

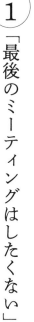

しかし、開星高校では夏の大会で負けた後、監督さんが主導するミーティングはありません。甲子園では負けたチームがベンチ前で土をかき集めて持ち帰るのですが、それさえ許されていません。土を集めないのは「負けたものは潔くあれ」という監督さんの教えからです。泣きながら土を集める姿をカメラに納めようと、報道陣は一斉に選手たちに寄って来るのですが、監督さんは「負け姿は見世物ではない！」と断固拒否。思い出の土を手にすることができません（泣）。

ですが、本音を言えば土はほしいです。だから開星高校の選手たちは、大会が始まる前の甲子園練習の時に指導者の目を盗んでかき集めます。僕は、シートノックをしながら少しずつポケットに貯めていました。シートノックが終わる頃には、お尻は土でパンパンで、走り方が少しぎこちなかったです。ちなみにその土は、応援してくれた家族や周りの方へ、感謝の気持ちを込めて渡します。

話を戻します。

なぜ監督さんは最後のミーティングをしないのでしょうか。

理由は「もし、選手の前に出て最後のミーティングをしたら、涙を流してしまって情けない男になってしまう。感謝の気持ちは学校で伝えられるし、部活動を引退しても、卒業しても、ワシにとっては一生、教え子だから」でした。そして自分の弱い姿を選手たちに見せたくはなかったからでした。

そんな監督さんは2011年夏を限りに勇退し、僕たちは翌年3月に定年する監督さんの最後のチームになりました。

甲子園1回戦は柳井学園（山口）に5―0で快勝しましたが、2回戦でこの大会で優勝する日大三（西東京）に打撃戦の末、8―11で敗れました。この時も最後のミーティングはなかったのですが、数日後、部長の村本克先生に呼ばれて手紙を渡されました。

そこには監督さんの思いがつづられていたのです。

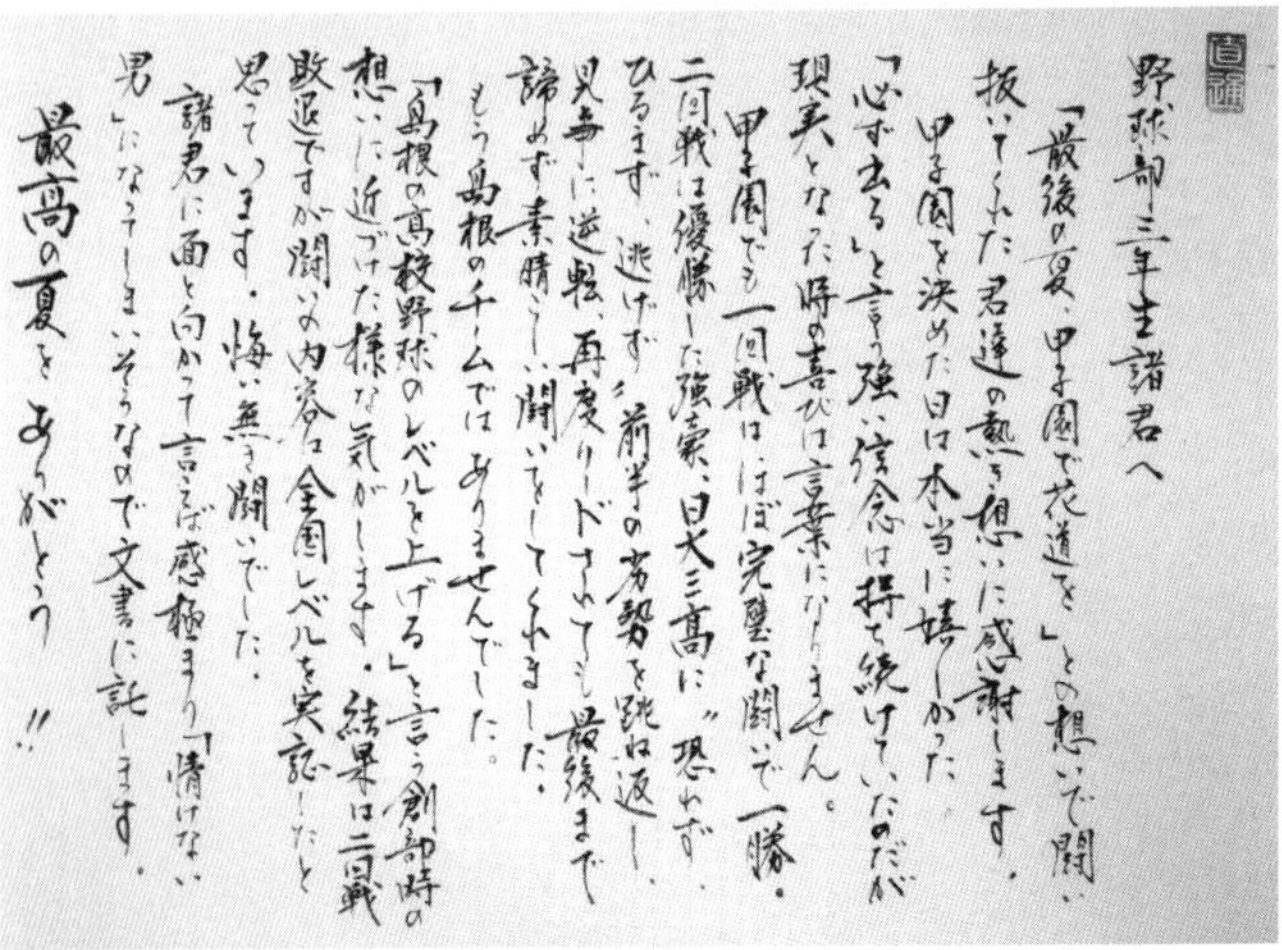

野球部三年生諸君へ
「最後の夏、甲子園で花道を」との想いで闘い抜いてくれた君達の熱き想いに感謝します。

甲子園を決めた日は本当に嬉しかった
「必ず出る」と言う強い信念は持ち続けていたのだが現実となった時の喜びは言葉になりません。

甲子園でも一回戦はほぼ完璧な闘いで一勝。

二回戦は優勝した強豪、日大三高に"恐れず、ひるまず、逃げず"前半の劣勢を跳ね返し、見事に逆転、再度リードされても最後まで諦めず素晴らしい闘いをしてくれました。

もう島根のチームではありませんでした。

「島根の高校野球のレベルを上げる」と言う創部時の想いに近づけた様な気がします。結果は二回戦敗退ですが闘いの内容は全国レベルを実証したと思っています。悔い無き闘いでした。

諸君に面と向かって言えば感極まり「情けない男」になってしまいそうなので文書に託します。

最高の夏をありがとう!!

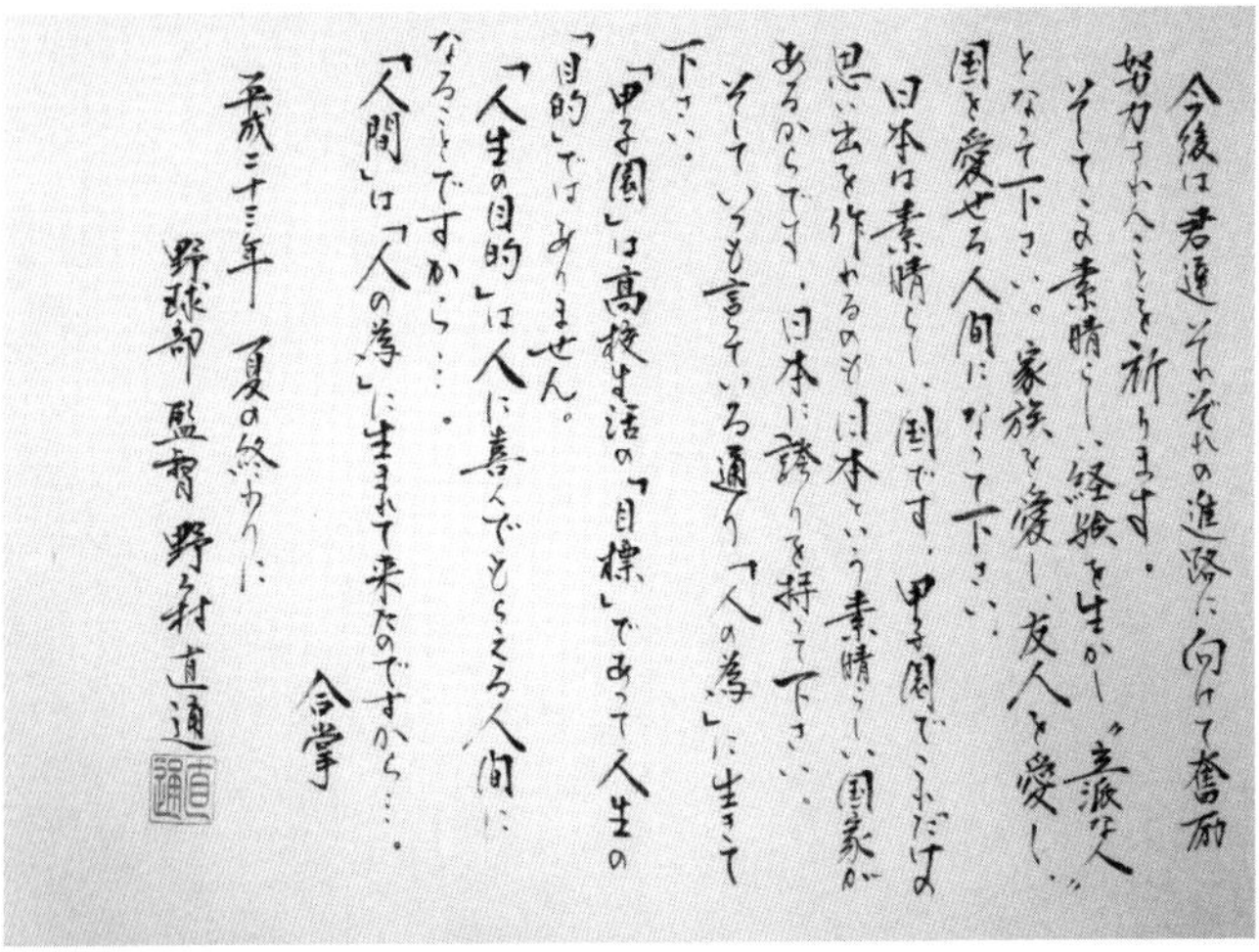

今後は君達それぞれの進路に向けて奮励努力されんことを祈ります。

そしてこの素晴らしい経験を生かし"立派な人"となって下さい。家族を愛し、友人を愛し、国を愛せる人間になって下さい。

日本は素晴らしい国です。甲子園でこれだけ思い出を作れるのも日本という素晴らしい国家があるからです。日本に誇りを持って下さい。

そしていつも言っている通り「人の為」に生きて下さい。

「甲子園」は高校生活の「目標」であって人生の「目的」ではありません。

「人生の目的」は人に喜んでもらえる人間になることですから…。

「人間」は「人の為」に生まれて来たのですから…。

合掌
平成二十三年　夏の終わりに
野球部　監督　野村直道

もう２度ともらわないであろう貴重な監督さんの直筆手紙。達筆に感動するとともに、内容が胸に染みました

第2章

野球を教えない
甲子園の名将

◆監督さんはコワモテの美術科教師

開星高校野球部の野々村直通監督をすでにご存知の方、知らないけれどそんなことより先を早く読みたいという方は、次項まで飛ばしてください。ここで僕が恩師と仰ぐ、監督さんの人となりについて話しておきたいと思います。

僕が開星高校野球部に入部して、初めて監督さんと会った時に真っ先に感じたのは、「来てはいけないところに来てしまった」でした。

それもそのはずです。誰も僕のことを責めたりできないはずです。

学校生活は、全身真っ赤のジャージ姿。

行事には着流し姿、またはどこで売っているのか想像もつかないような和柄の入ったスーツ。

こういうものを身に付けて登場します。

平成生まれの僕からすると、時代劇や武将を描いた映画でしか見たことのない服ばかりでした。さらに、ややスモークがかった紫レンズのメガネをかけているため、見た目の怖さは申し分がありません。本当に学校の先生なのか疑ってしまうような、そんな教師です。

加えて、怒った時に放たれるあの殺気――。

殺気ですよ？　僕はこれまでの人生で幾度となく怒られてきましたが、殺気を感じるほどだったのは、監督さんと過ごした高校の3年間だけです（笑）。

監督さんを語る上で、避けることのできない事件があります。

僕が高校2年生で初めてベンチ入りを果たした2010年のセンバツ大会1回戦で、21世紀枠で出場した向陽高校（和歌山）に1—2で敗れた直後、共同インタビューで「21世紀枠に負けたことは末代までの恥」、「腹切りたい」と発言をしました。これは当時、全国ニュースで取り上げられ、今でいう「大炎上」を引き起こしたのです。

高校野球に詳しくない方に説明しますと、21世紀枠というのは2001年に設けられた特別出場枠です。前年の秋季大会で一定の成績（都道府県大会ベスト8、もしくはベスト16以上）を残した学校の中から、著しく周囲に好影響を与えた模範校、もしくは恵まれない環境の中で努力を続けてきた困難克服校に与えられるセンバツ大会の出場枠の名前です。

監督さんの発言は「向陽高校への失礼な発言」であり、「大会が設けた21世紀枠制度に対する不適切な発言」と見なされ、日本高野連から口頭で厳重注意がなされました。

監督さんはすぐに謝罪会見を開き、「高野連と21世紀枠、向陽高校を侮辱する気はなかった。心からおわびしたい」と頭を下げましたが、この時に身に付けていた自身の〝正装〟である銀色のスーツ、黒シャツ、ド派手なネクタイが火に油を注ぎました。

学校には苦情の電話が殺到！　結局、騒動の責任を取って辞任することになってしまったのです。少しだけ監督さんを擁護させてもらうと、甲子園で謝罪会見を開くなんて想定外で（当たり前です）、いつものスーツしか持っていなかったというのが理由だったのですが……。確かに、第三者として監督さんの姿を見たら、「本当に反省してんのか！」と思うかもしれません。それは否定できません。

甲子園での謝罪会見の時の服装。ネクタイがかなり独創的ですが、これも監督さんの〝正装〟でした（②）

しかし、監督さんを慕う開星高校野球部員、野球部OB、保護者会を中心に復帰嘆願活動が自然に始まりました。本当にありがたい話です。最終的には学校関係者以外の方も含めて約8000人もの署名が集まり、

2011年に監督復帰を果たします。僕はこの年、定年前の監督さんが最後に監督を務めたチームの主将でした。

こんな失礼な発言をする人の話が、何の役に立つの？

そうですよね。そう考える方が普通です。

確かにあの発言は、かばいようもなく失礼です。でも、その一言だけで判断するのは早いと思います。外見とは裏腹に、監督さんの言葉は優しく、聞く者に勇気を与えてくれるのです。

僕も高校時代、結果が出なかったり、人間関係で苦しんだりとたくさん悩みました。そのたびに監督さんの言葉と教えで救われました。

高校で監督さんの教えを受けられたからこそ、今の自分がある。社会人になった僕は今、胸を張ってそう言えます。

監督さんの言葉、教えの数々は、たくさんの人に力をくれるはず。

そう信じて今、この本を書いています。

開星高校では美術科教師だった監督さん。
右側の坂本龍馬の絵も監督さんの作品（②）

◆名将・野々村直通の名前も知らずに入部

話を進める前に、監督さんと僕の出会いを簡単に話します。

実は、監督さんを最初から尊敬して、開星高校を進学先に選んだのではありません。いや、よく知らなかったから進学できたとも言えます（笑）。

当時、僕は福岡県の中学校での野球を終え、どこの高校に進学しようか悩んでいて、地元の公立校、私立校はもちろん、全国の高校を視野に入れて探していました。学校を選ぶにあたり、

①　野球に専念できる環境であること。
②　勝てる組織であること。

この2つを選ぶポイントにしていました。

後者の「勝てる組織」をなぜポイントにしたのかというと、「勝つチームの勝つ理由」を学びたいと思ったからです。レギュラーになれなくても、勝てる組織がどんなことをしているのか、それを学べる環境であればいいと思っていました。

プロ野球の南海、ヤクルト、阪神、楽天など複数の球団で選手として、監督として数々の実績を残してきた野村克也監督の「勝ちに不思議の勝ちあり、負けに不思議の負けなし」を体感したかったのです。

島根県は数ある候補の中で挙がっていた1つでした。百聞は一見に如かず、ということで、休日を利用していくつかの高校を見学に行きました。ここには親戚がいる訳でもなく、人生で初めて訪れた土地でした。

この時点で開星高校にはまだ行く気はなく、帰り道のついで、くらいに考えて寄った学校でした。ところが意外にも、それまで感じたことがない「ここだ!」という感覚が襲ってきたのです。

野球部はその頃から甲子園常連と言えるくらい強い学校でしたが、まともに練習も、試合も見ていない状態から得た感覚に自分でも驚きました。実家から電車を乗り継いで5時間を超えるような場所なのに、一度きりの高校生活をここに捧げたいと本能的に感じ、入学を決意したのです。いつもは計画を立ててから行動したい派だったというのに、この時ばかりは感覚的に腹が決まったのを今でも覚えています。

見学の際、野球部の部長先生から学校や野球部の説明を受けました。しかし「監督に会わせるのはまだ早いので、もし、入部が決まったらご紹介します」と言われ、会うことはできませんでした。

その時は、監督さんがどういった人なのか、全く知らなかったので、「高校野球の監督となると、そう簡単に会える人じゃないんだな」と単純に受け止めました。憧れの高校や、憧れの監督の下で野球がしたい、と学校を選ぶ選手もいる中で、僕は学校のことも、監督さんのことも、まともに知らずに入学した珍しい人間でした。今考えると、失礼だったなと反省しています。

入学後、初めて監督さんに会った時、部長先生の言葉の意味が明快にわかりました。とにかく見た目が怖い（笑）。中学生の時に会っていたら、入学を思いとどまっていたかもしれないレベルです。しかもグラウンドでは「死ぬ気でやっとんのか」とそれまで聞いたことのない激しい怒号が飛びます。入った学校を間違えたのではないかと心の底から思ってしまいました。

入学したての頃は、360度どこから見ても怖い監督さんにビビるだけでした。怒った時に感じる恐ろしいほどの殺気ある姿は、大人になっても忘れることができないくらいです（！）。それなのに、どうしてでしょう。日に日に監督さんへの怖いイメージは薄まっていき、むしろ監督さんのためにも頑張ろうと思っている自分がいました。

不思議です……。

今、振り返ると怖かったのは、監督さんがどんな監督なのか、どれほど貴重な指導をしてくれているのかが理解できていなかったからだと思います。

それでは、監督さんに対する心境の変化はいつ起きたのでしょうか。

なぜ監督さんについて行こうと思ったのでしょうか。

本書を最後まで読んでいただければ、きっと理解してもらえると信じています。

そういえば、僕が中学生で学校見学に行った時の話に続きがあります。

対応してくださった野球部の部長先生が、監督さんに「福岡から小さくて、おとなしそうな生徒が見学に来ました。しかも国立大学に行きたいと言っています」と伝えたそうです。

おとなしそうな生徒……（笑）。

ちょうど髪が長かったので、そう思われたんでしょうね。

それを聞いた監督さんは「地元の進学校に行った方が、その子のためだ。開星高校にはもったいない」と言い、僕が入試を受けることまで断るように指示したと後になって聞きました。

会ってもいない生徒の将来を、真剣に考えてくれたんですね。
僕はそれを聞いて、あの時、直感を信じてよかったと思いました。
あの時、自分の感覚を信じたから、僕は人生の師匠に出会えたのです。

高校時代は怖かった監督さんとも、今ではこうしてお酒を一緒に飲みながら話すことができるようになりました

コラム 2

「真冬に赤ふんどしで冷水を浴びる」

新年最初の練習日、島根県では雪が数十センチも積もり、日本海の冷たい風が吹き荒れています。そんな極寒の中、上半身裸で赤のふんどしを身にまとい、監督さんはグラウンドにやってきます（見ているこちらが寒い！）。そして今にも凍りそうな冷水が流れるお手製の滝へ……。

開星高校の恒例行事である真冬の「禊」の始まりです。

ふんどし以外は真っ裸。冷水が絶妙に脳天に落ちてくる場所に立ち、約1分、ほとんど裸のまま冷水を浴びます。ただ浴びるだけでなく、新年の目標を大きな声で言います。

この後、選手たちも監督さんの後に続きます。

1分間をここまで長く感じたことはこれまでの人生でありません。

死ぬかもしれない。それくらい頭が割れそうな刺激が襲いかかります。

冷水を浴びている間に大きな声で、スムーズに目標を言わないといけないのですが、ちゃんと言葉が発せられるのは開始して10秒が限界です。途中からはもう、日本語ではない言語を叫んでいる状態になります。先陣を切っていく赤ふんどしの監督さんでさえ、途中からしんどいのが伝わってくるほどです。

これは開星高校野球部の中でも1、2を争う盛り上がる行事で、監督さん、コーチも含めてみんなでバカになって楽しみます。単なる新年の抱負お披露目会にするのではなく、みんなで楽しんで（でも、ホントに辛いです）できるものにするところが、監督さんらしいです。

辛くて、でも笑いの絶えない楽しい行事の締めは、保護者の方々が作ってくれた温かい豚汁。監督さんがいつも僕たちに言う「おいしいものを食べるのも大事だが、おいしくいただくことの方が大事」という意味を、冷えた体に温かい豚汁を入れた瞬間に毎回、再認識したものです。

開星の選手たちはこの「禊」で、新年の決意をしっかり固め、次の日から目標に向かって練習に励みます。

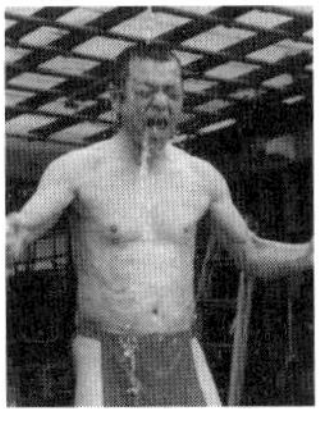

◆甲子園の名将が野球を教えるのをやめた

今でこそブレずに人間教育に邁進している監督さんも、監督になりたての頃は野球ばかりを教えていたと言います。

「5年以内に甲子園に行きます！」と豪語した府中東高校（広島）時代は、選手9人を集めるのがやっとのチームだったため、キャッチボールなど基礎中の基礎から教える日々が続きました。時には人数が足りず、廊下で会った生徒に懇願して試合に出てもらうこともあったそうです。

練習メニューも、監督さんが分単位で決定。月日が経つにつれ、野球のレベルはどんどんアップし、チームはそこそこ強くなりました。

それでもまだまだ甲子園にはほど遠く、誰よりも負けん気の強い監督さんは「練習をもっとすればうまくなる」と考えて、練習をひたすら厳しくしました。

厳しい練習をした分、野球のレベルは高くなります。

ところが、野球がうまくなっても、大事な試合で勝てません。

悔しい、次はもっと頑張るぞ、悔しい、の繰り返し。

この壁を何とか打破したいと試行錯誤をする中で、監督さんはプロの教えを学ぶことを思い付きます。プロ野球の巨人でＶ９を成し遂げた川上哲治氏、西武の黄金時代を演出した知将・森祇晶氏、南海、ヤクルトをはじめ数々の球団を率いた野村克也氏、選手、監督として強い巨人、西武を盛り立てた広岡達朗氏ら、今も語り継がれる名将の本を貪るように読みました。前項で触れた「勝ちに不思議の勝ちあり、負けに不思議の負けなし」という野村克也氏の有名な言葉にもあるような、勝負の真髄が何かを知るためです。

野球以外にも、中村天風氏や松下幸之助氏ら著名な実業家の本も読みあさりました。大きな組織を動かすリーダーシップ論や組織論を学ぼうと思ったからです。

勝てる組織（チーム）というのは、いったいどんなものなのだろう、

そこに書いてあったのは、野球の技術論や経営の小手先の技術ではなく、精神論ばかりだったそうです。

昔の精神論というと、根性論のように聞こえるかも知れませんが、そうではありません。チームの最小単位である「人」の教育です。人間教育をチーム作りの根幹に置いている名将、名実業家たちの姿を知り、チームビルディングには優れたシステムや仕組みよりも人間教育が欠かせないことに気が付いたのです。

よく「心技体」が整うことが大事だと言われます。

技術や体力を発揮するための身体を動かしているのは心です。だから、「心」が3つの漢字の頭に置かれているのかもしれません。

監督さんは、技術や体力を鍛えていても、そのおおもとである「心」の教育を選手たちにしていなかったのだと思いました。

心が変われば行動が変わる。

そこから、監督さんの指導の中心に人間教育が置かれるようになったのです。

監督さん自身も成長しなければ、と考え、空いた時間は野球関係の本だけでなく、哲学書から歴史書まで幅広く読むようになりました。

本から学んだことが、監督さんのミーティングのネタになることはしばしばありました。

◆弱さが部下を惹きつける

何度も言いますが（すみません、くどいですよね）、監督さんは近寄りがたい雰囲気バリバリです。街で見かけたら、通りすがりの人が絶対に道を譲ってしまうレベルです。

それなのに監督さんの周りには、現役、卒業生を問わず教え子たちがたくさん集まってきます。野球部の部員だけではありません。野球部以外の生徒たちもたくさんやって来ます（慕われている証拠ですね）。それほど怖くて近寄りがたいのに、監督さんの何が人を惹きつけるのでしょうか。

まずは「信念を持っている」ところです。

「監督さんはどんな人？」と聞かれたら、OBたちは口をそろえてそう言うはずです。開星高校野球部の監督だった時は、チームが強くなるためにはどうすればいいか、教え子が立派に育つためには何を教えたらいいのかを、日々探っていました。監督さんの核となる「人間教育」そのものは、絶対に揺るぎません。

しかし、実際の教育方法や練習方法は柔軟に変えました。選手、生徒やチームのためであれば、新しいことを取り入れる勇気がありました。それこそ、有名な監督に「野球を教えてください！」と体一つで飛び込んだこともあったそうです。時には、島根まで練習試合に来てもらって教わることもありました。そういう姿勢を見て、僕たちは監督を心から信頼したのです。

次に「無欲で尽くす」ところです。

頭の中には常に、選手、生徒ファーストがありました。

なぜ、そこまで無欲になれるのか。それは「ワシは一人じゃ何もできんやった」という口グセの通り、これまで監督さんを助けてくれた方々への感謝の気持ちを忘れないからです。

人がもう一段階レベルアップしようと思う時は、周りからの尽力や応援は不可欠です。目標を達成するために、たくさんの人の力を借りた。それがわかっているからこそ、「恩送り（受けた恩を、その人にではなく、必要としている別の人に返すこと）」を心掛けているのです。受けた恩を選手に、チームに、生徒に返してくれたのです。

最後は「弱さと向き合う姿」です。

もし、監督さんが非の打ち所のない完璧な人間であれば、憧れはしたかもしれませんが、人間として魅力的に写らなかったかもしれません。テレビや映画のヒーローも必ず何か欠点を持っているものですが、監督さんにも人を惹きつける弱さがあります。

僕が言うのも生意気ですが、監督さんはどこまでも素直です。間違っていれば謝り、わからないことがあればわからないと教えを請う姿は印象的でした。

また、あれだけ「人間の行動は心が一切を取り仕切る」と言って、常にポジティブで前を向くように選手たちに言い聞かせているにも関わらず、試合に負けた時は誰よりも落ち込みます。僕たちが「前を向きましょうよ」と声を掛けたくなるくらい、惜しみなく落ち込む姿を見せてくれます。

人生楽しい時もあれば、辛い時もあります。思い返せば涙が出てくるような体験を誰だってしています。負けず嫌いの監督さんですから直接言葉にはしませんでしたが、その姿に僕たちは「時には素直に弱音を吐いてもいいんだな」、「涙を流していいんだな」と安心したものです。そして、自分の弱さや悔しさを素直に認められるから、監督さんは強いのだと感じました。

ここだけの話ですが……。監督さん、実はかなり天然（ドジ）なところもあるんですよ。高校時代のように、殺気を感じるくらい怒られてしまいそうなので、具体的には言いたくても言えません（怖いです）。

そんなところも、僕たちにとっては魅力です。

◆野球の話をしない監督さんのミーティング

監督さんの教えをより理解してもらうために、監督さんと僕の高校時代を振り返っていこうと思います。少しの間、お付き合いください。

初めて監督さんのミーティングを受けた時、頭の中はハテナだらけでした。だって考えてもみてください。野球部のミーティングなのに、野球の話をしないんですよ？　野球のために地元を遠く離れてまで選んだ高校なのに、野球を教えてもらえないなんて理解ができませんでした。僕が入る頃には、開星高校はすでに甲子園常連校、強豪と言われる学校になっていたのですが、強豪校は野球のミーティングはしないものなのだろうかと疑問は深まるばかりでした。

卒業からかなり時間が経ったある日、監督と選手という関係では聞けなかった指導法や監督さんの哲学の真髄に触れる機会を得ました。そこでようやく、高校時代にはわからなかった側面を理解し、改めて感服したものです。監督さんは野球人を育てたいのではなく、社会で活躍できる人間を育てようとしていたから、野球を題材にしなかったのです。

監督さんは野球の指導より、人間教育を重視します。

「社会に出て悪影響を及ぼす生徒は、全力で更生させる。悪影響を及ぼす可能性があるままで社会に送り出すことは、教育者として決して許されることではない」。

これが監督さんの信念です。プロ野球選手を何人育てたとか、有名人をどれだけ輩出したかなどは、監督さんからすればたいしたことではありません。人として正しい道を歩む生徒が増える方が、ずっと意味あることだと考えています。

ここで言う「正しい道」は「道理」のことです。

野球部の監督を勇退する数年前にはもう、開星高校も荒れた学校ではなくなっていたので、鉄拳制裁で生徒を抑える必要はほとんどありませんでした。

前述しましたが今の時代、生徒をたたけば即、体罰で問題になります。廊下に立たせることや公衆の面前で叱責することさえよしとされません。

叱るという行為は、叱る側の体力も精神力も奪います。

本来、しつけや人間教育は家庭内の問題であり、先生たちがそこまで身を削る必要はないのです。それでも監督さんは、口で何度言ってもわからない生徒たちを、それでも何とかしようと頑張ります。言うことを聞かないから、という理由で生徒をそのまま放っておいていいはずはありません。

これは部下を持つ人も同様です。言ってもわからないから、聞かないから、と放っておいては、チームも組織も立ち行かなくなります。

「あなたは変わるべきだ」。

道理から外れてしまっている部下には、そう伝えてほしいです。

他人に変われというのはおこがましいと思うかもしれません。

人はそうそう変われないから、勇気を出して伝えたからといって、すぐに結果が出ないかもしれません。

それでも、です。

監督さんは「人は変われる」、そう信じて僕たちを指導してくれました。

◆即効性あり！　監督さんの教え

野球をしに来たのに、監督さんのミーティングは野球から大きく逸れている。

そのことについて、選手たちから反発などありませんでしたが、多くの選手は僕と同じように、なぜ野球部に入ったのに野球の話がないのか疑問は持ったと思います。

小さい頃から野球漬けだった選手ほど、最初は驚きます。大半の選手は寝ても覚めても野球の技術、それに付随する精神面の指導ばかりを受けてきたからです。実際、監督さんの話のうまさに引き込まれて聞いている選手もいれば、きつい練習に比べてミーティングの方が楽だから好きという選手もいたと思います。

選手全員にあの話が響いたかどうかは、今もわかりません。

しかし、監督さんの教えは、教わった直後から試せることばかりでした。

心の使い方や物事をどう捉えるか、についての話が多かったように思います。新しい視点を示してもらうことで、今まで当たり前過ぎて見ようともしなかったことの輪郭がくっきりと見えてくるようになります。無意識だったものを、意識するようになるのです。これは新鮮でした。朝のニュース番組の今日の占いコーナーで、自分のラッキーカラーが黄色と言われた日は、いつもの通勤路なのになぜか黄色が目に入ってくる。それと似ています。

意識によって、見える世界は違ってきます。

だからミーティング後は、いつも見ている周りの景色が違って見えるような感覚が生まれました。感謝しなかったところに、感謝の心を持つようにもなります。監督さんの話は、実生活に強く結び付くものが多かったので、自分の話として捉えやすかったのではないでしょうか。

まあ、監督さんの〝怖さ〟が、どんなミーティングをしたとしても、反発を許さなかったのかもしれませんが（笑）。

監督さんのミーティングの話をしていて思ったのですが、どれだけいい話をしても、「誰が話したのか」ということは聞いた方にとっては重要です。

特に、僕のような若者は、同じ発言でも「誰が言ったか」にとても敏感です。発言者が誰なのかによって、言葉の浸透度合いが変わってくるのです。

おいおい、勘弁してくれよ。そんなことで判断するのかよ。誰が言ったって、同じだぞと腹を立てる人もいるのではないでしょうか。

ただ、若者は誰が言うかで〝差別〟をしているのではなく、発する言葉から感じる体温のような温かみを感じ取って〝反応〟しているのだと思います。

言葉の裏にある経験、過去の見えない努力は、意図せずともその人から伝わってきます。表面的な言葉なのか、心の底から出た言葉なのか。若者はそれを比較的シビアに判断します。

監督さんの言葉は時に厳しいですが、監督さんの体温が感じられます。監督さんの想像を絶する経験が言葉に重みを持たせている部分もありますが、信念がどこまでも真っすぐなのが一番の理由ではないでしょうか。

言行一致、どんな時も言うことと行動がマッチしています。

現代は、昨日の正解が今日の正解ではない激動の時代なので、昨日下した判断を今日、変えなくてはならないこともあると思います。しかし、その判断に至る基準や思想がブレてしまったら、部下が道に迷ってしまいます。その点、監督さんは何を大事にするリーダーなのかが明確でした。

礼儀を重んじること。

困った人には手を差し伸べること。

損得勘定で動くのではなく、善悪で物事を判断すること。

当たり前のことを、当たり前にできること。

これらが選手、生徒たちに、絶対に理解させたいポイントでした。


その人の信念というか、大事にしているものが一番、明確に伝わるのは、怒るポイントを明らかにすることです。怒られるポイントがはっきりと理解できていると、部下はついて行きやすいです。

監督さんを例にすると「気持ちで負けること」、「挨拶やゴミ拾いなどの当たり前をおろそかにすること」、この2点が具体的な〝怒られポイント〟でした。どれも意識すれば、誰でも簡単にできることです。

部下は上司の想像以上に上司を見ています。

大げさに聞こえるかもしれませんが、リーダーは仕事以外の面も、部下から見られています。

念のために言っておきますが。もちろん粗探しのためなどではありません。

コラム 3

「俺は、街頭の募金は一切しない！」

この言葉を聞いた時、僕はびっくりしました。

「人のために生きなさい」というのが口癖だった監督さん。地震などの自然災害が起きた際は、率先して慈善活動に尽力する監督さんが「俺は、街頭募金は一切しない！」なんて……。

正直、聞きたくない言葉でした。

しかし、その言葉には、ちゃんと理由があったのです。

ある日、岡山県を訪れていた監督さんは、街頭で行われていた募金活動に迷わず1万円を寄付したそうです。そしてその夜、何気なく入ったスナックで、街で募金活動をしていた人たちが、集めたお金で酒を飲みながら騒ぐ光景を目にしたのです。正義感いっぱいの監督さんです。居ても立ってもいられず、その場でその人たちを怒鳴り上げました。すると一斉に逃げてしまったというのです。言い訳さえせずに。

また、結婚して間もなくの頃だったそうです。自宅に杖をつき、足を引きずりながら「お金をください」と男性が訪ねてきました。「人のために生きている」と言い切る監督さんは、迷わずお金を渡しました。その後、何の気なしにその人が帰る姿を窓からのぞいて見たら……。さっきまで引きずっていた足はどうしたのかというくらいの猛ダッシュで、どこかへ去っていったのです。

この2つの苦い経験から、今でも「不幸を語って、自らの組織のお金にしているような人たちがいるのではないか。」と街頭募金に対して不信感が拭えないそうなのです。「寄付してください！」と言う人に対しては、「本当に寄付金を集めているのか？ 住所も名前も言わずに、お金の使い道は不透明じゃないか？」と問いただすこともするのだとか。

さらに「募金を呼び掛けている人は、一日中そこに立って、頑張って声掛けをしたとしても、その労働力に対する対価は集まった募金のみ。それなら自分で汗水垂らして働けば、1日に1万円くらいは稼げる。それを寄付することが、一番いい慈善活動ではないか。」と思ってしまうそうです。

正しい心で募金活動に取り組んでいる方は、たくさんいると思います。むしろそちらの方が多いと思います。

ただ、監督さんの考えにも一理あると僕は感じました。

「弱い人を助けましょう！」と堂々と発言したり、慈善活動に積極的に参加したりすることは、本当にステキなことです。お金を集める以上に、社会に対して何か価値を発信している側面もあるのかもしれません。

でも、慈善活動は、自分より弱い立場の人や困っている人に対して何とかしてあげなきゃ、という心の底からの思いがあってこそ。そういう思いや姿勢が伝われば、自然と周りの共感を得られるのではないでしょうか。

◆監督さんが卒業式に似顔絵を渡す理由

卒業式終了後、開星高校野球部では、3年間野球部を辞めずに頑張った卒業生に、監督さんから労いの言葉とともに似顔絵がプレゼントされます。

美術科教師である野々村監督直筆の、魂のこもった似顔絵です。

監督さんが描いた絵を一目見ようと、保護者や一般の生徒までもが集まってくるほどの注目ぶりでした。

しかも、部員一人ひとりに合った言葉も添えられているので、みんな楽しみで仕方ありません。僕の似顔絵には、幕末から明治時代にかけて活躍した政治家で思想家の山岡鉄舟氏の「晴れてよし　曇りてもよし　富士の山　元の姿は　変わらざるなり」という歌が添えられていました。これは山岡氏が悟りを開いた時に詠んだとされる歌で、見えている部分だけを見ていい悪いの判断をするのではなく、本質を見られる人に育ってほしいという思いと、人生いい時があれば悪い時もある。それでも自分は自分であるということを伝えたかったと監督さんは言います。

監督さんはなぜ、卒業する部員に毎年似顔絵をプレゼントするのでしょうか。

それは3年間辞めずに野球を続けた努力に報いるためです。野球が勝負事である以上、結果を残さないと試合には出られません。3年生になったからといって、自動的に活躍の場が与えられる訳もありません。

チーム全体でどこまでも結果（勝利）を求めるから、そこに同情が入る余地がないのです。ちなみにこれは、最近流行りのように言われる「勝利至上主義」とは違います。勝利を目指して全員で努力することが大事で、勝利そのものだけを重視しているのではないからです。

実際、社会は高校時代以上に結果主義です。いくら一生懸命やっても、時間をかけてやっても、結果（例えば、受注契約、売り上げ）を残さなければ生き残っていけません。こういう経験を全くしないで社会に出た人は、大変だろうなと思ってしまいます。

監督さんは、どんなに頑張っても全員が全員、努力が報われる訳ではないと知っています。だから結果を残せたか否かに関わらず、3年間辞めずに野球を続けたことを褒めたいと思って絵筆をとるのです。せめて高校時代は、プロセスを評価する。頑張りを評価する。それが教育であると考えるのです。ちなみに絵を間に合わせるために、卒業式前になると監督さんは野球そっちのけで美術室にこもりっきりになります（笑）。

実際、3年間も同じことを続けていれば、楽しいことばかりではありませんでした。辛くて逃げたくなるようなこともたくさんありました。努力は裏切ることも、スポーツを通して学ぶ大事なことかもしれません。

レギュラーになるつもりで入部を決めた選手が、けがや実力不足で途中から裏方に回ることもあります。

成功するまで挑戦すれば失敗はない、と言う人もいますが、高校で野球人生を終える選手もいます。成功するまで挑戦するチャンスがない人もいるのです。

3年間を野球に捧げると覚悟を決めた自分を、裏切らなかった年月は価値あるものです。自分との約束を守ることは、意外と難しいものです。

監督さんの似顔絵には「よく頑張ったね」がたくさん込められています。

一人ひとりの顔を思い浮かべ、してきたことを振り返って言葉を選び、描いてくれた似顔絵は、頑張った3年間を思い返すことのできる大切なものなのです。

先日、監督さんがラジオ番組に出演されました。

その時、インタビュアーに「監督の人生で一番すごかった選手は誰ですか」と聞かれたそうです。インタビューをした側は、おそらく府中東高校時代の教え子である元・広島の片岡光宏選手、開星高校の教え子で、2014年にセ・リーグ盗塁王に輝くなどDeNAで活躍する梶谷隆幸選手、阪神でキャプテンを務める糸原健斗選手といったプロ野球選手の名前が出てくると期待していたと思います。

しかし監督さんは「すごい選手は3年間続けた選手全員」と返したそうです。

野球の技術だけを見たら当然、プロに行った選手の名前が挙がるかもしれません。でも、違いました。

監督さんの中で一番の価値は「3年間、野球を続けたこと」なのが、よくわかるエピソードです。

僕が卒業式にいただいた色紙は、今でも宝物。
ちなみに写真は高校時代の僕です（①）

（②）

監督さんの自画像。すごい腕前です（1）

卒業式で野球部の３年生に似顔絵をプレゼントしてくれる時は、学校中から一般の生徒、保護者たちも集まってきて大にぎわいになります

石原大暉さん（①）

藤田和希さん（①）

宮森孝治さん（①）

橋本謙次郎さん（①）

野津風馬さん（①）

松本大介さん（①）

馬場優太さん（①）

土田和楙さん（①）

第3章

社会人3年間で見つけた「組織強化論」

◆世のため人のためは、自分のため？

この章では、監督さんの教えを胸に社会人として3年間を過ごした僕が見つけた「組織強化論」について、お話したいと思います。

「若者は、自分のことしかやらない」。

これも、入社してからよく聞かされた言葉です。

「先輩が横で仕事をしていても、先輩からお願いされない限り、後輩は『何かお手伝いしましょうか』と言わないよね」。

そんなふうにも言われます。

若者の立場からすると、指示されていない仕事に首を突っ込むことはなかなかできません。自分の力量に自信がないからです（楽をすることを覚えてしまった可能性もありますが……）。

また、最近はどこの会社でも減ったと思いますが「先輩より先に帰ってはいけない」というのは、特に体育会系のスポーツを経験していない若者にとっては謎の文化でしかありません。

「人生の目的は、世のため人のために尽くすこと」。

僕は、高校時代に監督さんからそう教わりました。

人は一人では生きていけません。だから困っている人がいたら手を差し伸べる、辛いことがあったらみんなで一緒に乗り越える。受け身でなく、こちらから主体的に動かなければ、この目的は達成できない。そう考えて、高校時代を過ごしました。会社に入ってからも、これが大切だという考えは変わりません。

ただ、監督さんの言うことが「絶対」だった高校時代は、監督さんの怖さ（？）も相まって素直に受け入れた部分がありました。ところが、高校を卒業してしばらく経ってから、この否定しようがないと思っていた監督さんの教えに1つの疑問が生まれました。

それは「世のため人のために動くって、結局は自分のためなのではないか？」ということです。

世のため人のために動くことは素晴らしい。

そう思って誰かのために動いている時、実は自分の心が一番充足感で満たされているのではないか。悪い言い方をすると、善行を行っている自分に満足し、浸っている感覚です。

この感情を否定するつもりはありません。どれだけステキな思いを持っていても、行動が伴わなければ意味がありません。行動できたことがすごいことです。

同じように、例え心はなくても行動をすれば、その行動自体は評価に値します。第三者からすれば、目に見えない思いより、見える行動の方が素晴らしいと思うかもしれません。ということは、自分の心の充足感のためではなく、他人のため、チームのためだけに行動することは、とてもハードルが高いのではないか。どこかで自己の満足感や何か見返りがないと「世のため人のため」は実現できないのではないかと考えました。

恋人や親友、家族が対象であれば理解はできます。しかし、赤の他人のために、人は自分を犠牲にした行動ができるのでしょうか。

むしろ、他人のためだけに頑張れる、他人のためだけに頑張ってきたことがあると胸を張って言える人がいるなら、それはどんな人で、どんなシュチュエーションだったのかと不思議でした。

この問題についての監督さんの教えは次の通りでした。

まず、監督さんの考えの根底には「我々は生かされている」があります。

朝起きたらまず目が覚めたことに感謝をしなさい、そう言われたこともたびたびです。

僕たちは当たり前のように毎日を生きて、一喜一憂して、そして何もなかったかのようにまた明日を生きています。しかし、実は毎日生きていること自体が奇跡なのです。

感謝の反対は、当たり前です。

そして人は一人では生きていけません。誰かが言葉を教えなければ、人間は何も話せません。歩き方を教えなければ、歩くこともできません。お互いが支え合って生きているという視点で考えると、家族だけでなく、世の中や他人のために行動するべき、という教えも理解できます。してもらったことに、感謝は自然に湧いてきます。

感謝の心が行動の根底にあるなら、世のため人のためは「自分のための行動」にはなりません。

一方、損得勘定が行動の根底にある場合は、相手からお返しがなかったり、感謝されなかったりした時に「こんなにしてあげているのに」という嫌な感情が生じます。

ここが大きな違いです。

監督さんは、「感謝の心」を根底にした行動が自然にできる生徒、選手を1人でも多く育てたいと今も頑張っています。

しかし、見返りを求めない感謝の心が行動の源であったとしても、僕は「人のためは、結果的に自分のためになる」と思っています。

その理由は2つあります。

1つ目は、自分のことだけを考えている時よりも力を発揮できるから。

「家族ができると、それまで以上に仕事が頑張れる」と会社の先輩が言っていました。確かに、高校で野球をしていた時、応援してくれる仲間や家族のことを思って取り組むと、もう一踏ん張りできました。自分のために頑張ろうと思った時と、誰かのために頑張ろうと思った時では心構えが違います。期待に応えようと思うと簡単に諦められないですよね？

2つ目は、見返りを求めないギブ（与える）を続けると、想像もできないくらいのテイク（見返り）がある点です。

これは心理学で「返報性の原理」と呼ばれるものに近いと思います。「返報性の原理」とは、人は何かをされるとお返しをしたくなるというものです。

自分からギブ（与え）を続けていると、「結果として」周りからテイク（お返し）されて、自分のためになるという順です。テイクを受けるために、ギブをするのは違いますので、念のため。

ここまで利他的な心が大事だとお伝えしてきましたが、実際に全員が利他的な心を持てるかと聞かれれば、持てませんと答えるしかありません。

では、利他的な心を持てない部下はどうしたらいいのでしょうか。

その場合は、彼らに次の3つを心に留めてもらうよう指導してください。

ステップ① 感謝の心が根底にあることを伝える。

ステップ② 「結果的に」自分のためになると理解をさせる。

ステップ③ 「世のため」のような大きいことは言わず、チームメンバーや家族などの身近な人のために何かできることから始めてもらう。

利他的な心を持てない部下にこれらを伝える時に最も重要なのが、心を起点にするのではなく、行動を起点にすることです。

高校教師だったというのに、監督さんは「全員が幸せなクラスなんて実現できない」と断言します。全員が満足するもの、納得するものなどないと言うのです。

確かにそうかもしれません。

ただ、「あの人は嫌だ、嫌いだ」のような〝感情〟は変えられなくても、その人との関わり方、対応の仕方などの〝行動〟は意識次第で変えられるとも言います。

だから、心を変えようとするより、行動を変える方に意識を置かせることは、とても効果的だと思います。

理想は心から変わることです。

まずは自分ができる小さな行動からスタート！

それはほんの10秒程度のことでもいいのです。自分の10秒を他人のために使うところから始めてもらいましょう。乱れたスリッパを並べる程度でも十分です。そして、乱れたスリッパを部下が並べているのを見かけたら、ぜひ褒めてください。

また、自分が部下に何かしてもらったら「ありがとう」と感謝の気持ちを言葉にします。

それが部下を次の行動へと促します。「ありがとう」と言われて、嫌な気持ちになる人はいません（いても少ないと思います）。

ちなみに、人のためになるものは、お金や物を与えるばかりではありません。

例えば、仏教の世界で「無財の七施（※注）」という教えがあります。

そこには無償の7つの施しが挙げられます。

※注　無財の七施とは、「雑宝蔵経」で説かれている7つの施しのこと。与えられた人よりも与えた人の方が幸せな気分を得られるとされ、それはお金や物を与えるだけではない無償の施しがあると説かれている。

①眼施（優しい目で接する）。
②和顔施（笑顔で接する）。
③愛語施（優しい言葉で接する）。
④身施（身体を使って助ける、手伝う）。
⑤心施（他人に心配りをする）。
⑥壮座施（席や場所を譲る）。
⑦房舎施（雨風をしのぐ場所を提供する）。

この「無財の七施」にもあるように、笑顔（和顔施）や言葉（愛語施）だけでも十分なのです。小さくても人のためにできることはたくさんあるのです。

「笑顔」と「感謝」と「親切」の3つは、少しの意識で周りの人に自ら与え続けられます。しかも、お金のように使えば減るものではありません。むしろ伝染して増え続けます。

世のため人のため、互いに思いやって行動ができたなら、組織（チーム）はきっと強くなります。

世のため人のために生きる。家族ができるとよりいっそう頑張れるし、応援してくれる人がいてくれると力になります。そしてそれは、巡り巡って自分のためにもなるのです（開星高校野球部の同期たちと仲間の結婚式で）

◆強くなるってどういうこと？

強い組織を作る。

それはスポーツでも会社でも必要とされることだと思います。

強い組織を作ることができれば、勝負（試合、プレゼンなど）に勝てます。

では、「強さ」とはいったい何でしょうか？


「強くなるって、どういうことかわかるか？」

高校時代、監督さんからそう聞かれるまで、僕はそんなことを気にもしませんでした。

だから、いきなりこの質問をされた時、けんかが強いとか、筋力が強いとか、どんなことにも屈しないメンタルを持つとか、その程度の答えしか頭に浮かびませんでした。

あなたなら、この問いにどう答えますか？


では、監督さんはどうして急に、こんな質問をしたのでしょうか。

開星高校である日、運動部の男子生徒が女子生徒を罵ったことが問題になりました。その中に野球部員がいたと聞き付け、監督さんはすかさず野球部員を招集したのです。

「強くなることを勘違いしとらんか？」

人間、特に男性は、力を持つと心の奥底にある承認欲求、自己顕示欲が湧き上がってきます（もちろん全ての男性が、ではありません）。しかし、強くなるのは、弱い人をいじめるためでも、自分の欲求を満たすためでもありません。

「強くなるのは、自分より立場の弱い人、困った人を助けるためである」と監督さんは選手たちに説きました。これについては本当に、繰り返し聞きました。

これから取り上げる強さには、物理的な力や精神的な心の強さだけではなく、技術や知恵も含まれます。強くなったり、人の上に立ったりした時、暴力や暴言を振るうことで、自分の強さ、立場を示そうとする人をたまに見かけます。飲み会などで人の悪口を言って、他人を蔑むことで、自分の立場を守ろうとするのも同じです。そういう人に限って、自分より立場が上の人や自分の力ではかなわない人の前では大人しいものです。それは本当の強さではありません。

福祉の原点は、強い者が弱者や困っている人を助けることです。

ですから、みんなが弱ければ福祉は成り立ちません。

強い人は、社会に必要なんです。

しかし、日本は戦争に負けて以来、弱い立場の人やできない人にばかり歩幅を合わせてきました。そのせいか、強者やたくさんの富を持つ人は、どこか悪者扱いされてきたように思います。

力を持つことも、たくさんの富を持つことも、決して悪いことではありません。ただし、得た力、富の使い方に関しては注意が必要です。

得た力をどこでどう使うのか。これに深く関わるのが「道徳心」です。また、力を実際に発揮する際には「共感」も必要です。

一方通行で、同じ気持ちになるだけの「同情」と、「共感」は少し違います。「共感」とは、相手の感情を理解し、相手の視点で考えることです。相手に共感できれば、持つ力をどう使えばいいのかが具体的になるはずです。

欧州には、ノブレス・オブリージュ（※注）という考え方があります。すごく簡単に言うと「社会的地位のある人は、それ相応の道徳的な義務（責任）が発生する」というものです。例えば、戦で先陣を切るのは弱い立場の人ではなく、上に立つ人でした。強い立場の人が、弱い立場の人の前に出て、手本となるのです。監督さんいわく、強くて紳士であり続ける大相撲の横綱をイメージしてもらえるとわかりやすいとのことでした。

日本にも、国連事務次長も務めた教育者、思想家の新渡戸稲造氏が唱えた「武士道」と呼ばれる似たような日本の考え方があります。

強くなることは、卑しいことではありません。強くなければ、できないことも世の中にはたくさんあります。知識も、持っている技術や経験も、正しい方向に使おうと心掛けるだけでいい。それが、個人も、組織も間違いなく強くします。

ただし、意味のない「強がり」はダメです。本当の強さを伴わないのでは、害はあっても益になり得ません。

特に、僕のような若者は、若気の至りで間違った力の使い方をしがちです。

気を付けなくては……。

監督さんは「強さは弱い人を助けるため」と説きます

※注　ノブレス・オブリージュ（noblesse oblige）とは、
高い地位や身分に伴う義務。ヨーロッパ社会で、貴族など高い身分の者にはそれに相応した重い責任・義務があるとする考え方。

失敗はすべて
自分の所為《せい》
成功は
すべて
他人《ひと》様のお陰
直通
Naomichi

本当に強い人は「うまくいったらお陰さま」、「失敗したら自分のせい」と思える　①

色のない季節に
雪の重さに
耐えて咲く
椿の赤は
人生の応援歌
直通
Naomichi

厳しい環境に耐えて花を咲かせるから、人生は鮮やかになる　①

◆うまいチームと強いチームは圧倒的に違う

僕が高校野球の世界に飛び込んだ時、不思議だと感じたのは、野球のうまいチームが必ずしも勝てる訳ではない、ということでした。

野球エリートたちを全国各地から集めてきた、名の知られた強豪校が、これまで甲子園に出たことがないような無名の高校に負けることは珍しくありません。

ごく普通に考えれば、野球がうまい選手を集めたチームが強いに決まっています。それなのに、将来プロ野球に進むような選手が9人いるチームが、必ず勝てる訳でも、甲子園で優勝できる訳でもないのはなぜでしょう。

この問題は、監督さんが一貫して行なってきた「野球を通した人間教育」と切り離せない関係があると感じています。

「強い」チームとは、具体的にどんなチームなのでしょうか。

「強い＝試合に勝つチーム」です。

野球で言えば、試合終了時に相手より1点でも多く点を取った方が勝ちです。試合の途中で相手に10点取られたとしても、試合が終わるまでにこちらが11点取ればいいのです。

では、試合に勝つためには何が必要でしょうか。

「実力」と「運」です。

実力とは、技術力や戦術などを指します。

ただし、どれだけたくさんの知識や高い技術を持っていても、それを試合で発揮できなければ宝の持ち腐れになります。試合で実力を余すところなく発揮するためには、身体を動かす意思の力、つまり「心」も育てなければならないのです。特に、人対人の戦いの場合、相手との実力差よりも、その時の精神状態が大きく勝敗に影響します。

しかし、心を思うようにコントロールするのはとても難しいです。

いい日もあれば悪い日もあり、常に心をよい状態に保つのは至難の技です。世界で活躍するトップアスリートでさえ、メンタルトレーニングを勉強したり、コーチングを重要視して専任のメンタルケアスタッフを雇ったりしているくらいです。

スポーツ界だけでなく、実業界でも、専属の心理カウンセラーを付けている経営者がいると聞きます。それくらい心を鍛えること、自在に操ることは容易なものではありません。

「運」を味方に付けるために大切なことについては、「凡事は徹底するから意味がある」（198ページ〜）で詳しくお話しします。

野球をはじめとするスポーツを例に取りましたが、会社組織でも同じことが言えます。

◇野々村監督甲子園戦績◇

学校	年	回戦	相手	スコア	参加校数
府中東（広島）	1979年春	1回戦	高松商（香川）	● 0-8	30
松江第一（島根）	1993年夏	1回戦	新潟明訓（新潟）	● 1-3	49（4071）
開星（島根）	2001年夏	2回（初）戦	横浜（神奈川）	● 1-10	49（4150）
〃	2002年夏	1回戦	青森山田（青森）	● 3-6	49（4163）
〃	2006年夏	1回戦	日大山形（山形）	● 2-6	49（4112）
〃	2007年夏	2回（初）戦	徳島商（徳島）	○ 3-1	49（4081）
〃	〃	3回戦	楊志館（大分）	● 3-6	〃
〃	2008年夏	1回戦	本庄第一（北埼玉）	● 4-5X（9回サヨナラ）	55（4059）
〃	2009年春	1回戦	慶応（神奈川）	○ 4-1	32
〃	〃	2回戦	箕島（和歌山）	● 3-4（延長11回）	〃
〃	2010年春	1回戦	向陽（和歌山）	● 1-2	32
〃	2010年夏	1回戦	仙台育英（宮城）	● 5-6	49（4028）
〃	2011年夏	1回戦	柳井学園（山口）	○ 5-0	49（4014）
〃	〃	2回戦	日大三（西東京）	● 8-11	〃

※松江第一から開星に校名変更、参加校数の（）内は地方大会参加校数

甲子園での戦績こそ華々しくないかもしれませんが、島根県内の大会、中国大会を勝ち抜いて出場に導いた監督さんの手腕はさすが。大きな舞台を経験できたことは、大きな財産の１つになりました

うまいチームが必ずしも強いチームではないように、優秀な人材のいるチームが必ずしも強いチームではありません。

優秀な人材を集めれば、強いチームが作れるかといえば違います。

では、どうすればいいのでしょうか。

ここから、監督さんの取った手法を紹介しつつ、検証していきたいと思います。

◆強い組織を作るには洗脳が必要？

高校野球、大学野球、会社員を経験して感じたことがあります。

それは「強いなあ」と思う組織ほど、その組織のカラーが色濃く出ているということです。開星高校出身の選手であれば○○な感じ、とか、この会社の人って○○な人だよね、のように、いいとか悪いとかは別にして、第三者が勝手にイメージする「らしさ」のようなものを構成員が身にまとっています。

言葉を選ばずに言うなら、強いチームほど構成員は「洗脳」されていると僕は思っています。

洗脳は英語で「brainwashing」と言います。

そのまんま日本語にしてみると「脳を洗う」です。脳を洗う……何だか怖い響きですね。

洗脳には、ある種の信仰心のようなものが必要です。

その信仰心によって、人々が同じ方向を向くようになるのです。

洗脳と聞くと、負のイメージを持つ人が多いのではないかと思いますが、僕はここに人と人、人と組織を結び付けるためのヒントがあると感じています。

組織（コミュニティ）は大きくなればなるほど、舵を取るのが大変になります。構成員それぞれに異なった背景があり、それぞれ違う価値観を持っているからです。また、組織が大きくなれば、全員で同じ任務を遂行する訳にはいきません。人によってそれぞれ、任される領域は異なってきます。一見すれば、やっていることはみんなバラバラ。でも、進むべき方向は同じ。だから、何か「全員で共感できるもの、共感できること」を1つ作って、それに向かって同じ方向に進んでいけるよう、リーダーは心を砕く必要が出てくるのです。


ここで開星高校野球部の例を挙げます。

どうやって「らしさ」を築いてきたのでしょうか。

まず、開星高校野球部には「監督さん」という〝絶対的な信仰対象〟がありました。これが大前提です。〝絶対的な信仰対象〟である「監督さん」が大事にする思想や言葉がチーム内に浸透し、それが選手たちをまとめているのです。ソフトバンク社の孫正義氏のように、誰もが知るような大企業には絶対的なリーダーがいますよね。

もう少し詳しく言うと、トップの圧倒的な熱量が「らしさ」を生みます。

「こうなりたい！　こうしたい！」をトップが明言しないと、メンバーはどう動いていいのかわかりません。しかも、人は1回言ったくらいでは浸透しません。何度も何度も繰り返し、あきるほど繰り返した末にしか根付かないのです。

〝絶対的な信仰対象〟だったはずの監督さんでも、選手全員に同じ方向を向かせるまでにはかなり苦労したようです。「甲子園で優勝する」を目標に掲げながら、野球ではなく日本の歴史や偉人の話ばかりを選手たちに聞かせていたのは、それによって同じ価値観を形成し、開星高校野球部のあり方に共感を持たせるためでもあったのです。

さらに「何が評価されて、何が評価されないのか」が明確で一貫していました。これは組織を形作る上で、とても大切なことの1つだと僕は思います。

組織によって「何を評価すべきか」は異なるので、開星高校野球部の評価ポイントを押し付けるつもりはありません。一例として聞いていただければと思います。開星高校の場合は、ポイントは「監督の哲学を基本に評価される、評価されないがはっきりとしていて、高校生でも判断しやすかったところ」でした。

補足するなら、「組織内のルールを決めて、徹底的に守らせる」、「独自の文化（野球部なら練習法、会社であれば仕事のやり方）を取り入れる」などを行うと、構成員の組織への帰属意識はいっそう高まると思います。

開星高校野球部では、練習前後の「球心神社」への礼拝や、冬は月に2キロ体重が増えないと練習に参加できない、などの独自の文化がそれに相当します。

つまり、ここで言う「洗脳」とは、構成員がその組織についていくための理由を醸成することです。

人が組織についてくる理由は、たくさんあると思います。

世界観、福利厚生、企業カラー、社員の人間力など——。

共感（魅力）を感じるポイントはさまざまですが、網羅することは不可能です。このうち1個でも2個でも、響くものが備わっていればいいと思います。

部下が、上司もしくは会社の何に魅力を感じているのか。

改めて考えてみると、組織を統轄する上で必要なことが見えてくるのではないでしょうか。

高校時代はあれほど怖い思いをしたというのに（笑）、監督さんの周りにはＯＢたちがたくさん集まってきます

◆これからのリーダーは〝指揮者型〟

世の中にはたくさんのリーダーシップ論が存在しますが、時代とともに求められるリーダーシップは変化します。「俺について来い！」と組織の先頭に立って引っ張るリーダーが多かった時代から、今は共感型で「一緒に頑張っていこう」というタイプが求められる時代になってきました。就職活動をしている学生の話を聞いてみても、9割以上の学生が「リーダーシップとは、周りと共感しながら組織をまとめるもの」と定義します。今の若者に「俺について来い！」は響かないのかもしれません。

監督さんはずっと「俺について来い！」タイプのリーダーを貫いたと思っていたのですが、この本を書く上で改めて話を聞いてみると、24年にわたる監督生活の最後の約10年は「変わった」とのことでした。

監督になりたての1988年頃は写真でわかる通り、昔の専制君主を彷彿とさせるようなリーダーでした。当時はタバコやバイクは当たり前、犯罪にも手を出しかねない生徒ばかりだったという話を聞くと、納得できます。鬼軍曹にならなければ、荒れる生徒たちに立ち向かえなかったのです。甲子園を本気で目指す監督さんと放課後の時間つぶしのために部活動をしているような選手との温度差があまりにもあり過ぎて、ボイコットが起きたこともあったそうです。

「甲子園の名将が野球を教えるのをやめた」の項で触れましたが、監督さんは彼らを何とか鍛えようと練習量を徐々に増やし、練習を厳しくしていきます。ところが選手たちのレベルは上がるのに、大事なところで勝てません。苦しみ、もがいて行き着いたのが、「指揮者のようなリーダー」でした。

指揮者には、オーケストラ全体のテンポやリズムを合わせるだけでなく、曲の調子を整える役割などがあります。たくさんの楽器の音色を合わせ、1つの音楽を奏でるのがオーケストラです。ただし、指揮者自身は、それぞれの楽器のスペシャリストである必要はありません。ヴァイオリンが、フルートが、誰よりもうまい必要はないのです。とはいえ、全くの無知でも務まりません。それぞれの楽器を知り、音色を知り、演奏者の人となりまでを知って、1つの音楽を練り上げます。

監督さんは、この異なる分野をまとめ、1つの目標に向かわせる指揮者を野球部監督の手本にしたのです。

監督さんは開星高校が強くなったのは「それぞれの分野に優秀なコーチを配置し、任された彼らがベストを尽くしたから」と振り返ります。バッテリーは島根県の投手記録をいくつか持つコーチ、野手全体に目を光らせるのは監督さんの下で甲子園出場経験もあるコーチ、トレーニングは阪神の金本知憲選手をはじめ、たくさんのプロ野球選手を育てあげた広島県にあるアスリート社の代表・平岡洋二氏、とそれぞれの分野に長けた方が担当していました。

監督さんは３人のすることに、ほとんど口出しをしなかったと言います。

優秀なコーチ（側近）を周りに配置したのに、ついつい口を出してしまうリーダーは多いもの。特に、自分が優秀であればあるほど、口を出したがります。監督さんは１人で指導をしていた経験が長かったため、やろうと思えば１人で全てを完結することも容易だったはずです（怖さもありますし……）。しかし、コーチ陣をただただ信じて任せました。もちろん、最初は任せ切るのが怖かったそうです。その怖さに耐えることができたからこそ、強固な組織を作り上げられたのです。

開星高校には、選手が練習メニューを決める文化があります。一昔前は、練習開始は午後４時で、準備に30分、その後にバッティング練習を45分間して……と、どこかマニュアル化された工場のように、監督さんが分単位で練習メニューを決めて管理をしていました。

その当時は練習を〝する〟よりも練習を〝こなす〟という表現が適当だったのです。選手たちが練習メニューを決めなければいけない環境に思い切って変えたのは、「今の自分たちに何が足りないのか？」、「不足を補うためには何をすればいいのか？」を選手全員に考えさせるためでした。

開星高校には運動部に所属する選手たちだけを集めたスポーツクラスのようなものはなく、平日は一般生徒と同じ授業を終えた放課後に練習を開始します。立派なナイター施設を備える学校もありますが、開星高校は内野グラウンドの一部しかライトが点かないため、工夫を凝らさないと70人近い選手たちがまともに練習できないまま一日が終わります。

だから主将だった僕は、今のチームに何が必要なのかということを毎日考えました。時には、授業そっちのけで（これはあまりお勧めできませんが）、練習メニューを考えたこともあります。そして練習に入る前には、全員でその日の練習の目的を共有し、終わったら反省をする。今思えば、社会人になってから口酸っぱく言われ続けている「ＰＤＣＡ（Plan—Do—Check—Act）」を、高校時代からすでに実践していたのです。

自分たちでメニューを考えられるということは、自由に好きな練習ができるのです。一見、楽しそうですが、それには〝責任〟が伴います。毎日のように好きなバッティング練習をしているだけでは、試合に勝てません。楽な練習ばかりで、甲子園のような高いレベルで戦って勝てる訳がありません。だからメニュー決定権をもらった選手たちは、より深く必要な練習方法を考えるようになるし、真剣に練習しようとします。

ビジネスも同じです。任せる方は怖いかもしれませんが、若者にはある程度の仕事の裁量権を与えた方が成長します。自分で考えて、判断して行動した結果から学ぶことは、上司にぶら下がってした仕事以上に身になると思います。

それではコーチ、選手に裁量権を与え、口出しをしない監督さんは、チームで何をしていたのでしょうか。

①　目指すところの共有。

高校野球は毎年、選手が入れ替わります。毎年、毎年、理想のメンバーをそろえ続けるのは不可能です。今年はどんなチームにするのか。その年の選手たちに合った方向性を明確に示さないと、理想と現実に乖離が生まれてしまいます。誰をキャプテンにするかによっても、チームカラーは変わります。

監督さんは「どういうチームにしたいのか」を折りに触れて話してくれました。

僕が2年生の時は「個人のレベルが高くないからロウソクのように束になれ（ロウソクは1本だと火力は弱いけれど、まとまると大きな火になります）」でした（結果的に春夏甲子園出場した最強チームでした）。

3年生では「玉砕の精神で戦う（常に挑戦者の気持ちを持って、相手の懐に飛び込む姿勢を表現したもの）」。指導者と選手でその代のテーマを共有した後は、面白いくらいに試合中のベンチ内でもこの言葉が自然に飛び交うようになります。

② 人間教育。

人間として、選手として、最低限の土台がないと、自主性に任せることはできません。基礎、基本がないのに、クライアントの前で「自由にやってみろ」なんて言う上司はいないと思います。自分で自分を律することができるよう、野球の話をしないミーティングを繰り返し行っていました。

もっとも、常に自分を律することができる人は正直、少数派です。本書であまりに何度も人間性、人間性と連呼しているので、開星高校野球部の選手は全員が自分を律することができる人に育っている印象を持たれるかもしれませんが、監督さんがいない時は手を抜くこともありました。目を盗んで、休憩（筋トレルームで寝ていたり）していたこともあります。

後になって知りましたが、監督さんはそれもわかっていたそうです。「水清ければ、魚棲まず」ということわざがあるように、全てに完璧を求めてしまうと、居心地の悪い組織になってしまいます。選手のサボる姿や手を抜いている姿を、意図的に見て見ぬ振りをしていたと笑っていました（全部ばれていたということですね）。その上で「うまくなる選手は、俺の目を盗んでうまくサボれる選手や」とまで断言しました。

完璧は求めるけれど、許容範囲はちゃんと用意する。

このバランスが絶妙だったんだな、と感心しています。

最後に、かつて「鉄鋼王」と称され、ロックフェラーに次ぐ史上2番目の富豪とされたアンドリュー・カーネギー氏（スコットランド生まれのアメリカの実業家）のお墓に記されている言葉を紹介します。

「己より賢き者を近付ける術知りたる者、ここに眠る（Here lies one who knew how to get around him men who were clever than himself）」。

この言葉こそが、リーダーシップとは何かを明確に表していると思いませんか？

◆スポーツの経験はビジネスに転用できるのか？

僕は就職活動中に「野球以外に何ができるの？」と聞かれたことがあります。体育会出身者たちには「頭が筋肉」とか「スポーツバカ」というイメージが付いて回ります。勉強に邁進してきた人と比べ、マイナスの印象がぬぐえません。

しかし、僕はこの状況に一石を投じます！

スポーツはビジネスに転用できる。つまり、スポーツ経験者はビジネスでも間違いなく活躍できる力を兼ね備えていると大きな声で叫びたいと思います。

スポーツをしてきたことで役立つのは、根性と礼儀だけではありません。

なぜ、そう思ったのでしょうか。それはスポーツとビジネスには、たくさんの共通点があるからです。例を挙げます。

「ＰＤＣＡ回せ」↓スポーツで日々、うまくなるためにやっていることと何も変わりません。

「報連相ちゃんとやれ」↓常にチーム内でしています。

「最新の事例を勉強しとけ」↓戦術も技術論も身体学も日々、情報をアップデートしないと強くなりません。

「市場を分析しろ」↓相手チームの分析はもちろん、試合に出るために自チームの分析、自分の分析は欠かせません。

さらにここからは、スポーツで身に付けられたスキルのうち、特に社会人になって重要になる3つについて触れたいと思います。

1つ目は「想定外の事態への対応」です。

スポーツで思い通りに試合を運べる確率はゼロに近いです。

ビジネスシーンでも同じです。

ではもし、想定外の事態が起きたら、どうするのか。スポーツとビジネスでは対処法は違うかもしれませんが、心構えは同じだと思います。常に考え得るだけの〝想定外を想定〟して、毎日の練習に取り組んできたはずです。〝想定外を想定〟する訓練は、すでにしっかりできているのです。

2つ目は「修羅場への準備」です。

絶体絶命のピンチ、はスポーツ経験者なら誰もが一度は陥っているでしょう。

この1球が勝敗を分ける、くらいの場面をピンチと捉えるのか、チャンスと捉えるのかですが、実は「危機」には「危」＝ピンチ、「機」＝チャンスの両方が存在しています。

均衡しているやじろべえをほんの少し、0・1ミリでもいいからチャンス側に傾けることができれば、危機はチャンスに変えられます。そのために、スポーツ界では入念な準備やチーム作りを行います。

サッカー日本代表で監督を務めた岡田武史氏の「神様は細部に宿る」がこれです。勝負を分けるのは技術ではなく、それまでの準備や心構え。スポーツ経験者は、この習慣が身に付いていています。

３つ目は「板挟みへの耐性」です。

スポーツで揉め事は日常茶飯事です。

競技外の人間関係の問題もあれば、チーム全体の方向性の問題もあります。同じ競技で同じ目標を持った者だけが集まっている集団の揉め事は厄介の極みです。争いの種はそこら中に転がっています。しかし、目標を達成するためには、これらとうまく折り合いを付ける必要があります。

組織を作っているのは、人です。仕事をするのも人です。だから、スポーツで板挟みにあい、それを克服して目標を達成した経験は、社会人になってからストロングポイントになりうるのです。

スポーツの経験はこれから重要度が増していくと思います。なぜなら、若いうちに敗北感を味わうことや先ほど例に挙げた「想定外への対応」や「修羅場への準備」をする機会が、スポーツ以外でほとんどないからです。これらの機会はどれも意図的に作れるものではありません。しかし、スポーツの世界では、必ずと言っていいほど自分の身体で感じることができるからです。テストの点が悪かった時の敗北感とスポーツで負けた時の敗北感とでは正直、差があります。それは頭だけで体感しているのか、全身で体感しているのかの違いです。スポーツで得た身体的な体験と「自己」とを結び付けることで、社会に出ても使える知恵を得られます。スポーツでの学びは知識ではなく、知恵になるのです。

僕があえてこんなことを言うのは、スポーツだけをしてきた人にも自信を持ってほしいからです。スポーツの世界だけで生きてきた人は、意外と外の世界を知りませんん。それを自覚しているからなのか、スポーツを離れるとどこか遠慮がちです。外の世界を知っていたとしても、スポーツで学んだことを自分の中で消化し、抽象化し、言語化してビジネスに転用できていないケースが見受けられます。

ここ数年でやっと、スポーツ選手のセカンドキャリアについて真剣に考えられるようになりました。スポーツで得た経験、スキルは社会で役立つのですから、積極的に行動してほしいなと思います。

余談ですが、会社に入った後、「そんなことも知らないの？」と言われたことが何度かありました。ビジネス界での常識を、知らなかったからです。現代は、よほどの専門知識でない限り、ほしい時にほしい情報がすぐ手に入ります。だから簡単に得られるはずの情報を持っていない人に対して、風当たりは強いです。

しかし、僕は知っているか知らないかは、タイミングの違いだと思っています。先に知っていたのか知らなかったのか。知らないなら、勉強すればいい。その場で覚えればいいのです。もちろん、事前に知るべきことを、怠けて準備していなかったというのはダメですが、必要以上に「知らない」ことに怯える必要はないのです。

僕は10年以上、同じスポーツ（野球）に関わってきました。長いから偉いとは全く思いません。僕よりうまい選手は星の数ほどいます。技術のうまい、へたより、1年でも2年でも、その競技に必死に取り組んだかどうかの方が大事だと思っています。

死ぬほど頑張った経験は、競技が何であろうと自分を支えます。

コラム

4

「3文字の名前は覚えづらい？」

監督であれば当然、選手全員の名前と顔は一致するはずです。大所帯とは言っても70人ほど、しかも毎日学校でもグラウンドでも会っている部員なら、1日でとは言わないまでもすぐに覚えられるでしょう。監督さんは「グラウンドを走っている姿を見れば誰かわかる」とも明言していました。ところがです。小笠原選手と小豆澤選手の名前だけはよく混同していました。確かに漢字3文字で発音しても同じ5文字。小笠原選手は足が速く、代走の一番手として夏の島根大会でメンバー入りしたのですが、ある試合で監督が叫んだのは「3文字のやつ！　代走の準備しろ！」でした（笑）。監督さんはメンバーに入った選手の長所も短所も全て把握しているはずです。それなのに「とにかく的確な指示をすぐにでも出した過ぎて、名前が出てこなかった」らしいです。

ちなみに、高校時代は2人とも、どちらの呼び方をされても自分のことと思って「はい！」と返事をしていました。監督さんに名前を覚える気がなかったのか、覚えられなかったのかは、インタビューでは怖過ぎて僕には聞けませんでした（笑）。

第4章

若者ビルディング

◆大人になっても人は変われるか

この章では「別の星から来た人みたい」と言われる若者の、再構築についてお話ししたいと思います。

人は大人になってしまっても、変われるのでしょうか。

僕は変われると思います。なぜなら、監督さんと出会って、僕自身が大きく変わったからです。

ただ、尊敬する監督（上司、先輩）に言われたからといって、必ずしも〃その通り〃に自分を変える必要はありません。血の繋がった家族であっても、自分とは別の人格です。自分の中で「変えるのか、変えないのか」を吟味して、なりたい自分を目指せばいいと思います。唯一、監督さんが大事にしていた、人としてどうあるべきかの根底である「道徳に反する行動」を指摘された時は、絶対に変えるよう努力する必要があると思います。

近年は技術の発達が加速し、人類を破滅させる兵器を作ることが可能な時代になりました。それだけ技術が進んだにも関わらず、人間の心は比例して成長している訳ではなく、今なお、残虐な事件は後を絶ちません。人間の成長を超えて技術が進歩してしまったため、正しい道徳心を身に付けなければ、近い将来自分たちで自分たちを殺す可能性も出てきているのです。

「道徳心」の始まりは、国を愛し、家族を愛し、仲間を愛することです。

監督さんが口酸っぱく言っている「世のため人のため」に尽くせる心が、まさに道徳心です。

僕の小さい頃は、まだ近所におせっかいなおじさんがいました。公園で危ない遊びをしていれば、怒られました。今では、そんなことをしてくれるおじさんはなかなかいません。逆ギレされたり、不審者扱いされる可能性があるからです。

自分の価値観を、一方的に他人に押し付けるのは反対です。

でも、若者が間違ったことをしているのを見かけたら、人生の先輩として、ほんの少しだけおせっかいになってくれてもいいのではないか。おせっかいをしてほしいなと思うこともあります。

1回言えば理解する人。

しつこく言えば理解する人。

言っても、言ってもわからない人。

世の中には、いろんな人がいます。

でも、48回繰り返せば、人はどんなことも覚えるとも言われます。

〝経営の神様〟と称される実業家の松下幸之助氏は「従業員に10伝えようとしたら、100で伝える」という名言を残しました。

今の若者を変えるのは革新的な技術ではなく、少しのおせっかいな先輩たちではないでしょうか。

だからお願いします！

大事なことはどんどん伝えてください！

嫌な顔されても、嫌われても。

なぜなら、それは本当に大事なことだからです。

そして僕たち若者世代は、せっかく〝おせっかい〟をしてくれる人生の先輩たちを、その言葉を、大事にしましょう！

きっと人生が変わります。

◆甲子園に行くには「妄想」が必要

春夏の甲子園大会には、全国から都道府県、地区の代表が集まります。僕の高校時代では4000を超える学校の頂点を決める大会でした。

そう聞くと、小学校や中学校の頃から有名で、全国大会に出場したり、日本代表に選ばれたりしている選手ばかりが出ているんじゃないかと思われるかもしれません。確かに、全国トップレベルの高校では、そういうこともあります。

しかし、僕は地元・福岡県の中学校の軟式野球部出身で、しかも県大会に何とか出場できたレベルの選手です。正直、入学前は3年生で何とかベンチ入りメンバーに選ばれればラッキー、くらいの気持ちでした。そんな僕が本当にレギュラーになり、しかも主将になるなんて周囲も想像しなかったと思います。

甲子園に出られた、レギュラーになれたというのが、それだけで〝成功〟ではありませんが、ごく普通のレベルの選手だった僕が〝ある種の成功〟をつかめたのはどうしてだったと思いますか？

甲子園に行けた要因はたくさんあります。

チームメートや環境に恵まれたのは、その1つです。今でも感謝してもしきれません。

1試合ごとに細かく振り返れば「あの選手が打ったお陰で勝てた」とか「あの投手が抑え

てくれたから勝てた」なども挙げられます。しかし、この項でお伝えしたいのは、そういう直接的なもの以外の要因です。

一番に挙げたいのは「妄想」です。

妄想って何だよ、と思いますよね？　僕も知らない人からそう言われたら、きっとそう返すと思います（笑）。でも、ここであえて「妄想し続けた結果、僕は甲子園に行くことができました」と断言させてもらいます。

妄想とはつまり、イメージする力です。

監督さんは「人間の行動は、心が一切を取り仕切る」と言い、イメージトレーニングの重要性を何度も説いてくれました。

この効果のいい例として、開星高校が２００８年夏の甲子園に出場した時のエース、小池洋史投手を取り上げます。06年の夏の甲子園では1年生で唯一ベンチ入りするなど、入学直後から期待された逸材でした。ところが、けがが重なって、2年生になる頃にはその面影すらありませんでした。

監督さんは最後（3年生）の夏に向けて、投手としての再生を図ります。

小池投手に「毎日１４０キロを計測して、相手を抑えるイメージをして寝るように」と指示しました。その当時、120キロ前後のボールしか投げられなかった投手に、です。小池投手はきちんと監督さんの指示を守ったのだと思います。真面目に〝妄想〞に取り組んだ効果はジワジワと出て、最後の夏は島根大会から甲子園の初戦で負けるまでの全6試合を1人で投げ切りました。しかも、スピードガンで最速143キロをマークして、です。

どうでしょう、人間の想像力（妄想）のすごさを感じませんか。

人間の想像力は無限大です。

その話を聞いて以来、高校生だった僕も島根大会で優勝してインタビューを受ける姿と、甲子園で開星高校の選手たちが活躍する姿を思い浮かべながら毎日寝るようにしました。インタビューの妄想は、話す内容まで細かく、です。甲子園では大歓声を浴びて自分の名前がアナウンスされる中、ヒットを打ち、みんなで勝ってスタンドに挨拶に行くところまで、めちゃくちゃ詳細にイメージしました。

この〝妄想〞を現実のものにするために大事なのは、現実に近い形で〝妄想〞すること。そこがどんな場所なのか、どんな匂いがして、どんな景色が見えて、どんな音がするのか。具体であればあるほどいいと思います。

開星高校では夏の島根大会が近づくと、その年のメイン球場となる場所を借りて練習をします。翌年のセンバツ大会選考の重要資料となる秋の中国大会出場が決まった時は、開催県のメイン球場までバスで2時間ほどかけて練習をしに行ったこともありました。

何でわざわざと思うかもしれません。それは、監督さんが「そこまでしてでもリアルを知っておくべき」だと確信していたからだと思います。

他にも、先輩たちが甲子園出場を決めた試合を何度も見たり、「熱闘甲子園」という高校野球のテレビ番組を部室で流し続けたりして、部員たちが具体的なイメージを持てるようにしていました。

このように考えると、1度甲子園に行った学校が、立て続けに甲子園に出られる理由もわかります。その場のリアルをイメージできることと、どれくらい頑張ればいいかを体全体でイメージできるからです。

これは何も甲子園だけに有効なものではありません。

社会に出てからも十分、使える技です。

なりたい自分や、やりたいことをどれだけリアルにイメージできるのか。

例えば、大勢の前での発表を任されたら、事前に会場に行ってイメージしてみる。

リアルなイメージがあるのとないのとでは結果は大きく変わると思います。

リアルに〝妄想〟し、練習に励んだ結果、僕は本当に甲子園でプレーすることができました。イメージの力はすごいです（２０１１年夏の甲子園②）

もし、将来のなりたいイメージと今の自分がかけ離れていても問題ありません。

差がわかれば、どうやって埋めていったらいいのかがイメージできます。

最後はそれを信じ、自ら動いた人に、結果というご褒美が舞い降りてくるのではないでしょうか。

◆個性は〝2番目〟に大事

ここ数年、特に大学生、社会人になってから、頻繁に「個性が大事だ」と耳にするようになりました。

就職活動の会社説明会でも「個性」。

テレビCMなどでも「個性」。

ランドセルも、僕たちの時代は黒と赤の2色でしたが、今ではカラフルです。

みんな同じ、から、みんな違う、と考えられるようになりました。

「個性とは、他の人とは違ったその人特有の性格や性質」と辞書には書かれています。

僕はこの個性尊重の時流に、決して反対をする訳ではありません。むしろ、100人いたら誰一人として同じ人がいないから面白いと思っています。ただ、個性という言葉をうまく使って、自分のわがままを通そうとしているケースを見るたび、違和感を覚えます。

僕がここで言いたいのは「個性＝わがまま」ではないということです。

個性よりもまず、個性を支える土台となる根となり、幹となるものを築く方が先ではないでしょうか。人としての土台がしっかりして初めて、その上に咲く個性が輝きます。土台のない個性は、その人の弱みになる可能性もはらんでいるのです。最低限のことができないで、「個性だから」と自分勝手なことばかりしている人を、応援しようと思う人がどのくらいいるでしょうか？　それが理由で、チャンスを失うことさえあるかもしれません。

この根、幹となる土台の作り方を、僕は高校時代に監督さんから教わりました。本書で何度も繰り返してきたことですが、土台は「人として大事なこと＝礼儀、整理整頓……」になります。少し意識すれば、誰でも簡単にできるものばかりです。

高校時代、監督さんは「個性を磨くための土台を作るんだ！」と僕たちに説明はしませんでした。「個性が輝くのは土台ができてから」というのは、僕が大学生になり、社会人になって、様々な環境でもまれた中で実感したことです。

文法を守らなければ、伝えたいことも文章になりません。

決められたルールや規則を最低限守らなければ、スポーツの試合は成り立ちません。

文法やルールを「守る」のは一種の「信頼」の証です。文法は読み手と書き手の信頼と言い換えられます。それがあるから安心して文章が読めて、ルールがあるから安心してプレーもできます。ルールを守るかわからない相手との対戦は、怖くて仕方ないと思いませんか？「土台形成＝信頼を形成すること」と考えると、わかりやすいと思います。

土台は、仕事で言うと一緒に働きたいと思ってもらえるかどうかに繋がります。高い技術や優れた知能を持っていても、土台が欠如した人とは、僕なら仕事を一緒にしたいとは思いません。優秀だけど人徳のない人、まだ技量は足りないけれど人徳のある人のどちらかと仕事をするのであれば、間違いなく後者を選ぶとある会社の採用担当も言っていました。優秀だけど人徳のない人は、組織全体に悪影響を及ぼす可能性があるからです。それくらい土台は大事なのです。

専門分野の知識、技量が求められる職場はもちろんありますが、土台さえしっかりしていれば、努力と経験で不足分はどうにでも埋められます。

これからの時代は、信用、信頼がさらに大事になってくるはずです。

なぜなら、企業はいろいろな業界や企業とアライアンスを組み、個人は会社に所属していても「自分の名前で仕事をする」ようになっていくからです。

信用できる人物か否か。これが、最後に大事になる要素だと思います。

もう一度言います。

土台がしっかりしていてこそ、個性は輝く。

個性は2番目に大事、なのです。

◆「競争」を忘れた若者

大学、社会人と経ていく中で、「結果が全て」といろいろな場所で言われるようになりました。

確かに頑張った過程ではなく、結果が最重要なのは言うまでもありません。もし、頑張った過程だけを評価されるのであれば、受験もテストもいらなくなります。仕事においても、同じ成果物を10時間かけたのか、1時間かけたのかで言うと、前者の方が評価されることになってしまいます。

しかし、周りの仲間を見渡した時、結果に執着したり、「この会社で社長になりたい！」という野心を口にする人は多くありません。むしろ、ほどほどに働いてほどほどに休めて遊べて、福利厚生がよければいい、なんて声も聞こえます。

小さい頃に競争から距離を置いてきた（徒競走では手をつないでみんなでゴール、というように、距離を取らされてきたと言った方がいいかもしれません）若者たちは、年収より働きがいや楽しさのようなものを重視します。そもそも判断の基準を他人ではなく、自分自身に置くようになってきたのです。

しかし、現実を見ると社会には競争があります。僕が学生の頃に想像していたよりもずっと競争を求められるなと感じています。

若者は、結果を求めた方がいいのでしょうか。

高校野球界を例にします。教育現場における勝利至上主義（結果主義）に対し、世間では否定的な意見が多く見受けられます。最近では、投手の投げられる球数を制限するのかしないのかが議論になっています。現状の過密スケジュールに関しては、問題視されてもおかしくありません。結果として、勝つために選手たち（特に投手）に無理をさせてしまっているケースが確かにあるからです。僕も現役時代は故障の治療のため、病院に通いながら試合に出ました。結局、２０２０年のセンバツ大会から投手の球数制限などが新たに導入されると決まりました（中止によって、実施はその後の大会からになりました）。

少し脇にそれました。話を勝利至上主義（結果主義）に戻します。

これは問題なのでしょうか。

僕は問題ないと考えます。

もちろんルールに反したり、選手がけがをしているのに無理矢理プレーさせてまで、勝利を求めるのは違います。しかし、勝負事は本来、勝つことを目的とすべきです。実際、野球のルールブックの最初には「勝つことを目的とする」と明記されています。

負けていい勝負など存在しません。

だから、監督さんは、紅白戦だろうと練習試合だろうと、負けることを許しませんでした。考えてもみてください。社会に出れば、結果（勝利）を求められます。社会に出たら結果主義で判断されるのにも関わらず、学生時代は極力競争をさせないというのは、若者に対して優しそうに見えて残酷な仕打ちだと思いませんか？　勝ち方を教えてもらえないまま、社会に放り出されるのですよ？

監督さんが勝ち（結果）にこだわるのには、いくつか理由があります。

1つ目は「勝ちグセを植え付ける」ためです。

勝ちグセは、ウィニングカルチャーと呼ばれることもあります。

僕の高校時代は、全国の強豪と呼ばれるチームと試合することはめったにありませんでした。練習試合の相手は、島根、鳥取など山陰地方のチームばかり。当時は全国レベルの力がなかったとはいえ、強豪校と練習試合をしたいと何度も思いました。しかし、監督さんは「勝つ経験が何よりも大事だ」と信念を曲げませんでした。

なぜでしょうか。

練習試合で勝つことが当たり前になってくると、終盤に劣勢になっても「最後は勝てるだろう」というポジティブな感情のまま、ベンチの内外が一丸となって戦うことができるようになります。いつも負けているチームだと最終回に1点差で負けている状況では「どうせこのまま負けるだろう」という雰囲気にベンチの内外がなってしまいます。僕が強く感じたのは、結局、自分やチームを最後に支えるのは成功体験であるということでした。いくら強いチームと試合をしても、勝たないと面白くありません。どれだけ練習しても、自信も付きません。どれだけ練習しても、結果が出ないとつまらないです。勝てなければ、チームはまとまるから勝てるのではなく、勝つからまとまるというのも真実です。

2つ目は、「勝利（結果）を求めないとわからないことがある」からです。

それは失敗の原因と自分の限界です。

例えば、テストで悪い点を取って、テスト前にあまり勉強できなかったからと言う。マラソンで結果が悪かったら、本気で走っていない、手を抜いていたからと言い訳をする。失敗してもいいと思って失敗した時は、やっぱり失敗したな、で終わってしまいます。反省ができません。

自分の限界も同じ。最初から結果にこだわらない限り、自分の限界がどこかわかりません。そのため、反省しようにもできなくなります。

この1球は絶対にミスができない。

この案件は絶対にミスはできない。

そういう緊張感の中でやるからこそ、トライする意味があるのです。

限界点まで行かないと、自分の本当の実力は見えません。成長するために、勝利至上主義は必要な要素です。


ところで、監督さんは、ただ結果だけを追求して指揮を取っている訳ではありません。そこは誤解しないでほしいです。

監督さんは、選手の過程もしっかり評価します。過程とは、練習に取り組む姿勢や私生活のあり方です。実は、結果以上に過程を大事にしていると感じるくらいでした。それは、うまい選手が必ずしも本番で結果を出す訳ではないこと。そして逆説的ですが、結果が全てだと知っているからだと思います。

だから、野球の技術がそんなに高くなくても、練習や私生活で頑張っている選手がいれば、代打などで途中出場の機会を与えます。さっきまで試合の補助をしていた選手が突然、「代打に行け！」と言われて打席に立たされ、結果を残してメンバーになっていく。そんなことも開星高校では珍しくありません。神様は見ていると表現するのが正しいかわかりませんが、練習も私生活も一生懸命な選手は大事な場面で自然と活躍するものです。きれいなヒットでなくても、泥臭く結果を出します。結果を出すまでの過程を大事にする風潮は、チームの士気を高めることにも繋がります。部員数が70人近い大所帯の組織で、腐っていく選手を作らない工夫の1つでもあります。

結果を出した時、誰もが喜んでくれる選手なのか。

試合に勝った時、誰もが喜んでくれるチームなのか。

目指すべきところは、そこだと僕は信じています。

会社に置き換えた時も同じです。

部下にも、結果を求めるべきだと思います。もちろん、ルールの範囲内、適正範囲内で、です。

結果の大小は関係ありません。むしろ、小さい成功体験の積み重ねも、僕たち若者には自信になります。

失敗のできない状況で、ミスをするから反省点が出てくる。

上司たちは気を遣って「ミスしてもいいからね。大丈夫だから」と最初からセーフティーネットを張ってしまいがちですが、監督さんの言葉を借りるのならば「ミスしても死にはしない」ので優しさは不要ではないでしょうか。むしろ、それは本当の優しさではないと思っています。

本気でやらせて、失敗してしまった時は、上司の方々が持っている経験、スキルでフォローをお願いします！

そして、次につながるアドバイスをもらえたら、僕たち若者はまた頑張れます。

◆「失敗」に怯える若者

前項では、勝ち（結果）を目指す中に、学びがあることをお伝えしました。勝負事には勝ちがあれば、それと同時に負けもあります。この章では「負け」について少し触れたいと思います。

生まれてから勉強もスポーツも何一つ負けなし、そんなバラ色の人生を送っている人は世の中にいないはずです。誰しも必ず「負け」と向き合わなければいけません。

勝負事は奇跡的な勝利はあっても、奇跡的な負けはありません。「負け」には必ず原因があります。

僕が高校2年生だった頃の最上級生がとても強く、新チーム結成から年末までの練習試合は2軍チームが1敗しただけで、公式戦は中国大会優勝で駒を進めた明治神宮大会で1つ負けただけでした。先輩たちは春夏の甲子園に出場し、「開星高校史上一番強い世代」と呼ばれました。そんな先輩たちが引退し、僕たちの代になった時も、周囲からは当然のように優勝候補に挙げられました。僕たち自身も秋は中国大会を連覇するくらいの意気込みで臨んだのに、県大会初戦で敗退してしまいます。その時、かなりの敗北感を味わいました。試合が終わった瞬間、帰りのバスでの悔し涙、その後の練習、全て鮮明に覚えています。僕は今、あそこで立ち直れないくらいの悔しい負けを経験したから、最後の夏に甲子園に出場できたと思っています。

社会人になって思うのは、周りの同世代や僕より下の世代は、失敗や負けに対してとても敏感だということです。恐れていると言った方がいいかもしれません。同世代の若者が、やってみもせずに失敗を怖がるのには、2つのパターンがあります。

① そもそも失敗することにビビっている。

② 失敗することよりも、失敗した後に待ち構える上司からの「お叱り」にビビっている。

どちらのパターンにせよ、まずは失敗への抗体を作るところから始めなければなりません。僕たちが知る有名な社長、起業家やスポーツ選手もみんな、失敗からはい上がってきたはずです。味わった敗北感、劣等感が大きければ大きいほど、勝利への反動は大きい。だから、落ち込む時は徹底して落ち込んで、自分の不足を感じればいいと思います。

しかし、僕たちの世代が、どうしてそんなに失敗することや怒られることに怯えるのでしょうか。そして、そこからはい上がるメンタルを備えられていないのでしょうか。

それは教育環境に一因があると思います。

一昔前までは、テストの点が悪ければ教室の後ろに貼られたと聞きます。恥ずかしいと思う気持ち、悔しいと思う気持ちをバネにしろということなのでしょう。しかし、最近は子どもたちが失敗しないように、けがをしないように指導をしているそうです。昔と違い、現代は「競争」が身近ではないのです。

もっと言うと、大学入試はほとんどがマークシート形式の問題になっています。マークシートで解答を探す時、僕たちは消去法で答えを探します。消去法は選択肢のミスを探す、つまり「ミスをするのが悪だ」という発想なのです。ミスを探すことばかりが上達していきます。SNSで他人をたたきたがる姿がまさに現代入試の弊害です。

僕自身の経験を振り返ってみても、小さい頃からミスをさせないように、させないように、と教育の現場はしていました。人のいいところではなく、悪いところにばかり目が行くのも、こうした環境と関係があると思います。

少し脱線しましたが、今は怒号を浴びせて叱れる時代ではありません。怒号を浴びせようものなら、翌日からその部下は会社に来ないでしょう。怒号を浴びせた上司もまた、会社を去ることになるかもしれません。「小学校からやり直せ！」も暴言の部類に入ってしまうそうです。

失敗を恐れる部下への対処法としては、部下の失敗への上司の許容範囲を広げて、広いことを部下にわからせること。もちろん、失敗しないように最大限努力させるのは言うまでもありませんが、まずは部下に自分でやらせ、失敗を経験させるより他ないのかもしれません。

成功体験が自分を支えると前述しましたが、今どきの若者には「成功」と「失敗」の両方を体験すること、そのバランスが必要だと思います。

ちなみに僕は、高校時代に殺気さえ感じる監督さんのお叱りを何度も経験しているせいなのか、叱られることについても、負けることについても、人よりは耐性があると思っています。だから、叱られても、必要以上に落ち込むことなく、次に頑張ろうと気持ちを切り替えることができます。まあ、叱られること、負けることに鈍感になってしまってはいけないと思いますが……。

それに、監督さん以上に怖いと感じる人は、いまだに現れていません（笑）。

この世にいるとも思えません。

監督さん、ありがとうございます！

「失敗」に怯える同世代の若者たちには、「どれだけ失敗しても、怒られても、死なないよ」と伝えたいです。

２０１１年夏の甲子園に急造捕手で出場した僕。前年秋の悔しい敗戦が、最後の夏の晴れ舞台につながりました。そしてここでの負けも、僕の人生のどこかにつながっています（②）

コラム 5

「休日は練習を休みたい？」

監督さんが、初めて就任した広島県の府中東高校での話です。

就任当初は部員も10人程度。野球をするための人数が足りず、監督さん自身が校内で声を掛けまくって、キャッチボール経験のある生徒を1日限定で連れてきたこともあったそうです。試合をするのがやっとだというのに、監督さんは「5年で甲子園に連れて行きます！」と宣言しました。当然ながら、周囲は嘲笑。負けず嫌いで信念を曲げたくない監督さんは、何としてでも甲子園に行くことを心に誓います。ところが、選手たちにしてみれば、甲子園なんて「夢のまた夢」です。

ある日、1人の選手が監督さんに相談にやって来ました。

「休日は家族とゆっくり過ごしたいんです」

部活動を経験した人なら容易に想像がつくと思いますが、平日は授業が終わってからの練習になり、短い時間は2時間ほどしかできません。休日は練習や試合に丸一日〝も〟使える大事な時間で、こちらが主な活動時間になるはずです。

あまりの提案に、監督さんは怒りを通り越して言葉を失いました。しかし、とにかく人数がギリギリだったため、辞められては困ります。必死にその選手を説得したそうです。僕の時代にそんなこと言ったら……今、命はないと思います（笑）。

またある時は、「女子マネジャーを入れたらやる気が出るので、女子生徒をマネジャーに勧誘していいですか？」と数名の選手が監督さんにお願いをしに来たことも。さすがの監督さんもこの時は「女子マネジャーがいれば野球はうまくなるんか？」と一蹴しました。今では考えられないような状況下のスタートでしたが、そんなボロボロな野球部が5年で悲願の甲子園出場を果たします。まさに有言実行でした。さすがです！

ちなみに、開星高校野球部は「恋愛禁止」です。邪念があっては本業の野球に支障が出るから。調子がいい時だけが続けば問題ないのですが、調子が悪くなれば自分だけでなくチームに迷惑がかかります。だから「3年間野球に捧げると決意したのであれば、野球のこと以外に目が行かないくらい集中しろ」というのが監督さんの考えです。

ところがです！　僕の2つ上のキャプテンは、高校時代からの恋を実らせ、昨年ご結婚されました。あれ？（笑）。

◆いい上司なんていない

僕は、いい上司（先生、先輩）はいないと思っています。

小学生から社会人になるまで、それぞれの段階で必ずされる質問があります。それは「お前のところの上司（先生）はいい？」です。

上司（先生、先輩）が変わるたびに、周囲から同じ質問をされてきました。おそらく質問する人は、優秀なのか、人間的にどうなのか、を知りたいのでしょう。

その逆もあります。

「新しく来た部下（生徒、後輩）はどうなの？」という質問です。

人によっていい上司、悪い上司の定義が異なるため、例え、僕が「いい人！」と答えたとしても、隣のBくんにとってはそうではないこともよくある話。その度に、この質問に答えるのは難しいなと思っていました。

誰かにそう聞かれた時の僕の答えは「いい上司も悪い上司もいない」です。もちろん、バリバリ仕事ができて、自分は足元にも及ばないな、そう感じる人はたくさんいます。そういう意味で、これまでいい上司にしか出会っていない僕は幸せです。

この章で言う「いい上司も悪い上司もいない」の意図は、〝学ぼうと思えば誰からでも学べる〟ということです。バリバリ仕事ができて、人望も厚い上司から学ぶことはたくさんあります。でも、悪いと思った上司に巡り合っても、自分の姿勢次第で同じくらいたくさんの学びが得られると思っています。

そう感じたのには理由があります。

まず、どれだけ優秀な上司と巡り合っても、その人から学ぼうとしなければ何も学べないということに気付いたからです。喉の乾いた馬を水場まで連れて行っても、最後に飲むか飲まないかは、その馬次第。

もう1つは、知識や技術については、悪い上司に直接教えてもらえなくても、情報社会の現代であれば、本やインターネットからかなりの部分を得られます。それよりも、悪い上司に「不足しているもの」が重要で、反面教師にして学ぶことで、自分の成長は加速すると思ったのです。「あんな人にはなりたくない」という負の感情は、「あんな人になりたい！」より強い動機に変えられる気がするからです。もしかすると、理想の人が近くにいるより、反面教師になる人が近くにいた方が、より成長する可能性さえあります。

トップの力量がその組織の力量を決めると言われます。優秀な人から知恵や技術を学ぶ方がいいに決まっています。出会う上司が、会社人生（学校生活）の優劣を決めるという考えもあり、です。学ぶ対象はいいに越したことはないでしょう。しかし、上司を、教えを請う僕たちで完全に選ぶことはできません。だからこそ、自分の学ぶ姿勢が一番大事なのです。

僕は、監督さんから学んで以来、同じ事象をいろんな角度で捉え直すクセが付きました。本書を通してぜひ伝えたかった1つですが、若者も上司も、お互いがお互いから何かを学べると思うのです。

若者がわからないから突き放すのではなく、どうしてそういう考え方、行動をするのか学ぼうとしてみる。

逆も同じです。

上司の発言の意図がわからない、ではなく、どうしてそういうことを言われたのか考えてみる。どうしてもわからないなら、聞いてみる。

「上司はいい人?」、「今度来た部下はどう?」と聞かれたら、「あの人はダメだよ」と答える前に一呼吸――。

相手を観察、研究してからにしてはどうでしょう?

◆いい先輩、いい後輩は〝作れる〟

監督さんは荒れた学校で教壇に立ってきました。

高校生なのに、学校でのタバコやバイク通学は当たり前。髪型はパンチパーマ。まともに授業すら成立しない。聞いても信じられないような話ばかりです。ちなみに監督さんの処女作「ヤクザ監督と呼ばれて」（白夜書房刊）で、この荒れた学校を立て直していく過程がより詳しく書かれています。

そんな学校の野球部は、当然ながらヤンキー集団のチームです。冬の練習中、使い古したボールをストーブに使用する灯油に浸し、ライターで火を付けて「火の玉ボール！」と遊んでいた逸話もあるくらいです。野球はおろか、組織（チーム）として成り立つのかさえ不透明な中、監督さんはチーム作りの基本である「上下関係」を構築することから始めました。

あなたは「上下関係」と聞いて、何をイメージするでしょうか。

野球部における上下関係には、学年ごとに絶対のヒエラルキーが存在します。もちろん、こんな無意味な上下関係のない野球部も、全国にはたくさんあると思いますが……。このヒエラルキーによって発生するのは、いわゆる「パシリ」です。僕も1年生の時、山の頂上にある開星高校のグラウンドから、背中と胸に「安田」と大きく書かれた白い練習用ユニフォームを着たまま山の麓にあるハンバーガー屋へ向かい、ハンバーガーセットを買ってくる〝おつかい〟を頼まれたことがあります。しかも、真夏に、ストップウォッチを持った先輩から「じゃあ、7分ね」と——。

なかなかひどい話ですが、昔はこれとは比にならないくらい厳しい上下関係があったと聞いています。想像するだけで恐ろしいです。

先輩から後輩への行き過ぎた〝指導〟のせいで、数人の選手が退部する事件が発生したこともあったそうで、叱っても、叱っても、毎年のように出てくるこの問題に監督さんも困り果てていました。「このままでは、試合ができる9人すらそろわなくなる」と危惧した監督は、行動を起こします。

新入生が入部する4月になると、まず新入生だけを集めて「あなたにとっていい後輩とは？」を書かせます。

その後、2、3年生だけを集めて、同じように「あなたにとっていい先輩とは？」を紙に書かせます。

その時、監督さんは「先輩（後輩）は、こうあるべき」という〝べき論〟などは一切、しません。とにかく選手たちが思っていること、感じていることを素直に書かせます。「俺らも先輩に、同じようにされてきたからさあ」を常套句に勝手気ままに過ごしてきた先輩たちも、この質問には頭を悩ませます。悪いことをする先輩を「いい」と答えられる人はいません。後輩を「ぱしり」に使うような先輩を「いい」と書ける人はいません。「いい先輩」を、選手たち自身で定義し直す機会を設けたのです。

この時に重要なのは、まず「先輩（後輩）のためを思って」ではなく、「先輩（後輩）の立場に立って考える」べきだと気付かせることでしょう。

「○○のためを思って」というのは一見、問題なさそうです。

でもこれは、久しぶりに実家に帰って来た子どもが「お腹がいっぱい」と言うのに、ここぞとばかりに食べものをたくさん用意する親や親戚のようなものです。彼らの「これ食べなさい。あれも食べなさい」は心からの親切心ですが、子どもの状況を全く考えていません。食べたくても食べられないのですから、この親切は親切になりません（お陰さまで、帰省すると毎度、太ります）。

相手のためを思う一方的な感情ではなく、相手がそれを本当に必要としているのかをまず考える。相手と同じ目線を最初に持たせることが、不要な上下関係問題を解決する第一歩なのです。

野球界では、名選手が必ずしも名監督、名コーチになる訳ではないと言われます。では、どんな人が名監督、名コーチになるのでしょう。自分の選手時代に、どんな監督がよかったのか、どんなコーチがよかったのかをしっかり把握し、選手の立場を考えて行動できる人だと僕は思います。

技術を言語化する能力や指導力が必要なのは当たり前。加えて選手の視点を忘れない人が名監督、名コーチになり得ます。

会社組織も同じです。

部下を持つ上司は、過去の自分の感情を思い出してみてください。

その時、どんな上司がありがたかったでしょうか。

若者は上司の気持ちを想像してみてください。

どんな部下なら、一緒に仕事をしたい、助けてやりたいと思うでしょうか。

必ずしも優しいだけの上司や、自分の言うことだけを「はい！」とする部下が理想ではないはずです。

こういう話をすると、「そもそも上下関係は必要なの？」と議論になりますが、上下関係があろうがなかろうが、互いに敬いの心があれば問題は起きないと思います。

「上下関係＝上が偉くて下が弱い」ではありません（個人的には上下関係うんぬんより、お得意先の前で、社内の上司を紹介する時にわざわざ「呼び捨て」にする文化に違和感があります。敬い合えばいいのにと思ってしまいます）。

不要な上下関係をなくすことで、チームは円滑に回るようになります（②）

◆今のあなたと理想のあなた

理想の自分になるのは難しいと思っていませんか？

僕は、リーダーシップは後天的に身に付くかという質問に対しては「先天的なもの」と答えていました。なぜなら、これまで何人もの経営者を含むリーダーの方と会う機会がありましたが、タイプは違っても、リーダーになるべくしてなっているなと感じる人ばかりだったからです。後天的に習得したというよりは、何かのタイミングで持っているリーダーの才能が一気に咲いただけという印象でした。だから、訓練してなれるものではないと思っていました。監督さんもそう感じた1人です。マイクを持てば1時間の講義も2時間にし、さらに聴衆を心酔させる。あのカリスマ性は、そうそう真似できません。

では、監督さん自身はどのように考えているのでしょうか。

監督さんは意外にも「リーダーは後天的になれるもの」という意見でした。そもそも監督さん自身が、昔はリーダーシップを発揮するような人ではなかったからだそうです。僕は、昔から人を惹きつける力を持っているものだと思っていたので驚きました。

では、監督さんはどのようにして「監督さん」を作り上げたのでしょうか。「常に自分の目指す監督像を頭で描いていた」が、その答えでした。監督さんは目指すリーダー像を明確に描き、そこに向かって日々努力をしていたのです。

「自信はなくても、自信だけは持っとけ」。

これは、僕が開星高校野球部に入部したばかりの頃、当時のキャプテンから言われた言葉です。最初は理想と現実がかけ離れていてもいい。ただし、理想がないと理想には近づけない。僕はそう解釈しました。なりたい自分はどんな人なのか、イメージだけが先行していても、努力で理想に近づけるのだと教えてくれたのです。

自信は過去の経験から形成されますが、見せかけでもいいから最初から持っておかなければならない側面もあるということです。

特に、勝負の世界には必要です。開星高校の代表として試合に出ているのに、まだ経験が浅いから「自信はありません」では話になりません。試合に出ていない人にも失礼です。もしかすると、自信を持つことは勝負に対する準備の1つであり、対戦相手に対する必要な礼儀のようなものかもしれません。

監督さんのリーダーシップは、自分が目指す理想の名将や著名な経営者の思想、行動を見よう見まねでやっていく中で体得していったと前述しました。監督さんの学生時代は、偉人を学ぶ機会が学校の授業などでもあったので、そこから目指したいリーダー像を作り上げることができました。最初はただの見よう見まねでも、徐々に自分のものになっていくと言います。足りない要素を埋めるために、貪るように本を読んで実践したこともあったそうです。

最近の学校では、昔の偉人を学ぶことはほとんどなくなりました。残念ながら、受験のための暗記の勉強がほとんどです。だから、自分の目指すリーダー像を具体的に思い描くこと自体が、若者には難しくなっているのかもしれません。本当は小さい頃からもっと学校内にとどまらない勉強をいっぱいして、もっといろんな人に出会ってほしいと思います。

また、監督さんは、目指す自分に近づくためのポイントとして「いい嘘をつく」ことを挙げます。「いい嘘」とは、自分が自分に対してつく嘘です。自分の目指している自分とはかけ離れていても、とにかくなりきってみるということです。

例えば、怖い風貌をしているのに、立ち振る舞いや話し方が弱々しければ意味がありません。荒れた生徒たちと正面から向かい合うために、あの独特の外見を作り上げた監督さんでさえ、最初は心の中でビビっていたと言います。でも、それでは生徒になめられて指導にならない、と自分に言い聞かせて、強い教師を演じました。「自分は強いんだ」と自分に嘘をついた訳ですが、そのお陰で生徒と向き合えたのです。

どんな人物になりたいのか、どんな大人になりたいのか。

目指すところを決めて、その目標に向かって死ぬ気で取り組む。

もし、身近に目指したい人がいなければ、監督さんのように偉人を真似してもいいと思います。

ここはあの先輩。

これはこの上司。

そこは隣の後輩。

そういうふうに、たくさんの人からのいいとこ取りでもＯＫです。

その気さえあれば、理想の自分に必ずなれます。

僕も今は「なれる」と信じています。

野津風馬さん（写真左）は高校時代、学生スタッフとしてチームを支え、現在は少年野球の監督をしています。監督さん（写真右）から学んだリーダーシップを発揮して、〝孫弟子〟を育てています

開星高校が松江第一という校名だった頃の３期生だったのが、黒田竜朗さん（写真左）。創成期のチームで礎を築きました。２人とも、監督さんの教えをそれぞれのやり方で実践されています。

◆幸せは「最悪」から生まれる

頑張って稼いだお金でずっとほしかった車を買えば、幸せだと感じます。憧れていた豪邸に住めるようになっても、幸せを感じます。

お金で買える幸せは確かにあります。

しかし、ミクロ経済学の世界では、限界効用逓減の法則（※注1）と呼ばれるものがあり、お金で幸せになるには限界があることも証明されています。

逆もしかり、一定のお金がないと不幸を感じるとも言われています。

そもそも「お金がないと幸せになれない」と言う人は、お金が手に入ったからといって必ず幸せになれるとは思えません。「時間がないから勉強しない」という人が、時間ができたから勉強するとは限らないのと同じです。

幸せはお金に左右される関係なのでしょうか。

僕が監督さんから教えてもらった「幸せとは何か？」について少し話します。

監督さんは「幸せは自分の心が決める」。そして「不幸と思うその心が不幸である」と断言しました。この言葉の具体例として、監督さんは福井県出身の幕末の歌人で、国学者の橘曙覧（たちばなのあけみ＝※注2）氏の歌集「独楽吟」を教えてくれました。

※注1　限界効用逓減とは、限界効用は、消費する財の数量の増加につれて減少するという法則。ゴッセンの第一法則とも呼ばれる。

この歌集は全て「たのしみは（幸せは）」から始まっています。

「たのしみは　朝おきいでて　昨日まで　無かりし花の　咲ける見る時」

この歌は代表的なもので、1994年に当時の天皇皇后両陛下がご訪米した際に、ビル・クリントン氏がその歓迎のスピーチで引用したものでもあります。

何でもない毎日に、昨日まで咲いていなかった花が咲いているのを見つけて幸せと感じたと詠んだ歌です。「幸せ」は特別に存在するものではなく、どこまでも主観的なもの。自分の身近にあるものに幸せを感じる、その心が幸せなのです。

高校を卒業し、実際に橘氏が育った福井県にある橘曙覧記念文学館に足を運ぶ機会がありました。そこでは橘氏の生い立ちや思想を知ることができました。僕が感じたのは、幸せは主観で行う比較から生まれるということです。

他人を貶めて自分だけが幸せになるような比較ではありません。あくまで自分が幸せと感じるためにどう心を使うか、です。最悪のケースを知る

※注２　橘曙覧とは、幕末福井の歌人、国学者（1812～1868）。その中でも有名な歌集は「独楽吟」。「独楽吟」とは「たのしみは」で始まって「……とき」で終わる形式で詠んだ和歌のことで、曙覧の生活や家族の幸せ、学問への態度などが読み取れます。

ことや、辛い、苦しいという感情を味わうことは、幸せになるために必要な要素になり得るということでした。

つまり、ある事象が起きた時に、何と比べるかによって、その事象は幸せにも不幸にもなる可能性を持っているということです。

真夏の猛暑の中で水を飲んで、幸せと感じるのは、水が飲めない状態との比較によってなのです。

どん底を経験した人が実は一番幸せになる可能性を秘めているとも言えます。

橘氏は決して裕福ではなく、一日を生きるのがやっとでした。それでも心をうまく使って事象を捉え直すようにした結果、当たり前のすごさに気付き、あのすばらしい歌集を生み出せたのではないでしょうか。

ここで、上司の方々にお願いしたいことがあります。

なかなか前向きになれない部下と接した時は、「過去の失敗の自慢話」を聞かせてくれませんか。

心の使い方、持ちようを教えてくれるのはもちろんうれしいのですが、「過去の失敗の僕自慢話」を聞かせてもらったお陰で、僕も「あの上司でもミスをしたのか。それなら、僕のミスもたいしたことない」とポジティブになれた経験があります。「たいしたことない」と甘えるためではありません。あくまでポジティブに気持ちを戻すためです。

ポジティブになれれば、ミスの挽回も可能です。

どうか、よろしくお願いします！

第5章

野々村流・人間教育法

◆「運」は自力で運ぶ

監督さんは生徒たちの将来を見据え、「勝利」を全力で追求することを徹底してきました。「うまいチームと強いチームは圧倒的に違う」の項で話しましたが、勝つためには実力とその実力を発揮するための「心」の強さだけでなく、「運」も必要です。実力だけが勝敗を分ける訳ではありません。


審判のたった1つの判定で大きく流れが変わる。

風に乗って単なる外野フライがホームランになる。

簡単なゴロなのに捕る直前で大きくイレギュラーする。

例え、心に隙を作っていなくても、こうしたことは起こり得ます。

野球界では「甲子園には魔物がいる」という表現がされますが、まさにこうした勝敗を分けるようなことがたびたび起きるのをよく表しています。

日常生活や仕事でも、「運がよかった」、「悪かった」と感じる場面に遭遇したことのない人の方が、珍しいのではないでしょうか。もしかしたら、生死を分けるような経験を持つ人もいるかもしれません。

「運も実力のうち」という言葉もありますが、では「運」とは何でしょうか。

僕たちは誰も、運を思うようにコントロールできません。

運は、ほしい時にほしい分だけ引き寄せられるものでもありません。

その上、もし、運をつかめたとしても、それだけで必ず勝負に勝てる訳でもありません。

だからこそ、自ら運を逃がすような行動をしていては、勝てる訳がないのです。


ここから、僕たち開星高校野球部が「運をつかむ」ために何をしてきたのか、具体的な話に移りたいと思います。

ただし、監督さんの指導の目的は「運をつかむこと」だけではありません。

個々の野球の力では全国レベルに及ばなかった僕たちが、全国区のチームと対等に戦えたのは、持っている技術以上の力が発揮できたからです。それは、目に見えない「運」の力が、少なからず関係していたと思っています。そして、監督の教えがその目には見えないプラスの「運」を運んできたのだと思っています。

これがもし、運をつかむことだけを目的とした指導だったのであれば、矛盾しているようですが、間違いなく「運」はつかめなかったと断言できます。

甲子園で勝つためには「運」も必要。それは日常生活や仕事でも同じです（②）

◆凡事は徹底するから意味がある

運をつかむための監督さんの教えは「凡事徹底」でした。凡事徹底と聞いて、「何だ、そんなことか」とがっかりした方もいるかもしれません。「運」というものは、大金を支払ったり、特別なことをしないと引き寄せられない訳ではありません。だいたい、誰もができないような難しいことであれば、本書で話しても意味はないでしょう。なお、技術的な凡事、野球で言えばキャッチボールやバント練習などについての徹底でもありません。

これを実践する上で、僕が感じた大事なポイントは次の3つです。

① 言葉の通り「徹底」する。

誰もが大事とわかっていることを、手を抜かずに徹底するところに意味があります。正直、今の自分もまだまだ「徹底」まではできていないと感じています。

② もし、自分が勝利の女神だったら、の視点を持つ。

これは運を運ぶために凡事徹底をさせている訳ではない監督さんの考えとは、少し反する僕の個人的な考え方です。簡単な例を挙げると、同じ力を持った人が2人いる状況で、1人は落ちているゴミを拾う人、もう1人は知らんふりをして通り過ぎる人。勝利の女神なら、どちらを勝たせたいと思うでしょうか。その視点を持つことが、行動を起こす動機になるのではないでしょうか。

行動に移すこと、その行動を続けることに意味があるのです。

ちなみに、米国の大リーグメジャーで活躍する大谷翔平投手は、落ちているゴミを拾うのを「人が捨てた運を拾っている」と表現しています。

③ ポジティブな心の状態でないと、凡事は徹底できない。
調査によれば、心がポジティブな状態の方が、人は生産性が高まるそうです。僕は「どうせするなら、いい汗かこう」という言葉が好きです。せっかく挨拶をしても、挨拶を強制されてするのであれば意味がありません。

ゴミ拾いも同じ。嫌々やらされるのか、自発的にしているのか。

わずかな差かもしれませんが、結果には大きな差が生まれると思っています。

誰かのために行動するにしても、ポジティブな心がないとできません。

凡事徹底。開星高校野球部では挨拶も、ゴミ拾いも、全てに心を込めます（②）

◆監督さんが徹底した凡事とは何か

監督さんの下で、開星高校野球部員が徹底した凡事をいくつか紹介します。まずは、教育学者の森信三氏が職場をよくするためにすべきこととして掲げた「時を守り、場を清め、礼を正す」です。これは教場三訓と呼ばれるもので、「時を守り」は時間を守ること。

「場を清め」は、ゴミを拾い、身の回りの整理整頓をすることです。

グラウンドや部室をきれいにするのは当たり前ですが、校内や自分の視界に入ったゴミは拾うよう徹底します。ゴミ拾いなんて当たり前だと思うかもしれませんが、何も意識しない人は、いつまで経っても目の前のゴミに気付きません。ゴミ拾いは、観察力も磨いてくれるのです。

余談になりますが、最近よく聞く「忖度《そんたく》」という言葉。

これは上の立場の人に媚びたり、相手の機嫌を取ったりする意味で使われているため、忖度はマイナスなイメージを持つ言葉として認識されているかもしれません。

しかし、「忖度」は、「日本人特有のステキな言葉の1つである」と監督さんは言います。

本来、忖度とは、相手の気持ちを汲み取るという意味の言葉です。「忖度」を発動する時に、観察力は切っても切り離せない部分があります。もし、人に対して何かをしようと思った時は、その人の表情や声や行動を見て、さらに周囲の状況もよく見るはずです。相手が何をしてほしいのか、何を感じているのかを汲み取る必要があるからです。つまり、忖度する気持ちがないと、何もすることができないのです。この観察力が、ゴミ拾いを通して副次的ですが磨かれます。たかがゴミ拾い、されどゴミ拾いです。

最後に「教場三訓」の3つ目にある「礼を正す」。

野球部の〝あるある〟ですが「おはようございます」を「オハザッース」などのように略す習慣ができてしまっていることがあります。ですが、大切な言葉は略してはダメです。だから、少し異様ですが開星高校野球部員は、監督さんの前でこの挨拶の練習もします。礼で始まり、礼で終わる、日本の武道の基本のキをたたき込まれました。

ここで開星高校野球部の変わった2つの取り組みを紹介します。

イエローハット創業者の鍵山秀三郎社長が始めた、NPO法人の「日本を美しくする会／トイレ掃除に学ぶ会」への参加です。概要は、汚れた学校のトイレを素手できれいにするというものです。単にトイレ掃除をするのではなく、便器に〝素手〟を突っ込んでトイレを掃除します。（もちろん、徹底した消毒を行います。あえて細菌だらけのところを素手で掃除しなくてもいいのかもしれませんが……）

この活動は、こんな言葉から始まります。

「どんなに才能があっても、傲慢な人は人を幸せにすることはできない。人間の第一条件は、まず謙虚であること。謙虚になるための確実で一番の近道が、トイレ掃除です」。

活動を通して「謙虚でいること」、「気付く人になる」、「感謝の心を芽生えさせる」、「感動の心を育む」、「心を磨く」という5つの効果を得ることが目的とされています。

最初は、素手で学校のトイレを掃除することにかなり抵抗を感じます。ところが、嫌な顔をしていた選手も、やっているうちに楽しくなります。これは参加してみないとわからない感覚です。

もう1つは「球心神社」と命名されたオリジナルの神社への参拝です。

監督さん、選手、ＯＢが力を合わせて作り上げたお手製の神社で、石段があり、鳥居があり、ほこらがあります。御神体として野球のボールがまつられており、毎日の練習前後、試合の時に選手全員がお参りにいきます。野球部グラウンドのすぐ裏の高台に建てられていて、僕たちはいつも見守られていると思っています。

凡事徹底をする際に「勝利の神様だったらどう感じるか」という視点を持つことを前述しました。そういうことを考える上でも、開星高校野球部員にとって、球心神社の存在は精神的な拠り所でした。

そもそも作ったきっかけは、荒れた選手たちと格闘していた弱小校時代に、何か彼らに精神的な支えを持たせてやれないかと監督さんが思ったことです。

球心神社へのお参りと一緒に、日本特有の八百万《やおよろず》の神という考え方も教わりました。簡単に説明をすると、森羅万象あらゆるものに神様は宿るという考え方です。野球ができる場所や道具があって、やっと好きな野球ができます。そこにはそれぞれ神様が宿っています。だから道具を雑に扱うようなことがあれば、厳しく叱責されます。試合で四死球を得た時、自分のバットをベンチに向かって投げる他校の選手をよく見かけましたが、開星高校ではそれすらも絶対に許されません。道具はその場にそっと置きます。当たり前に好きな野球ができると思ってはいけない。全てのもの、事、に感謝する。そう心掛けるだけで、僕たちのプレーは大きく変わりました。

ただし、今日ゴミを1つ拾ったから、明日いいことが起きる。そんな単純なものではありません。生きていれば、いい日もあれば悪い日もあります。常にいいことばかり起きていては、人はテングになってダメになる。戒めのために、不運はやってくるのかもしれません。

もう1つ、お伝えしておきたいのは「努力は裏切る」ということです。

僕はこれを野球を通して学びました。誰よりも素振りをした人がプロ野球選手になっているかというと、そんなことはありません。1万回バッティング練習をしたから、明日の試合で必ず打てる訳ではありません。

でも、努力をしなければ、結果は出ません。それと同じように、毎日の徳積みが必ずしも結果に直結しないこともあります。むしろ、直接は繋がらないと感じることの方が多いかもしれません。

それでも、凡事は「徹底」し続けることに意味があると思っています。米国の大リーグメジャーの年間安打新記録を達成したイチロー氏も、その時の会見で次のように言っています。

「今、小さなことを多く積み重ねることが、とんでもないところへ行くただ1つの道なんだというふうに感じています」

間違えてほしくないのですが、監督さんは運を運ぶために部員たちに「凡事徹底」を要求したのではありません。試合で強豪校に立ち向かえた時、僕たちの想像を超える「見えない力」のようなものが、僕たちを支えてくれていたように感じました。それは、凡事徹底を心掛けてきたことで、当たり前を当たり前にできていたからです。

特にスポーツの世界は1秒、1ミリで勝負が分かれます。付け焼き刃の努力ではどうにもならない見えない力をも味方にしないといけません。当たり前を当たり前にできたことが、その見えない力＝運を呼び寄せたのではないかと思うのです。

余談をもう1つ。

僕が甲子園出場を確信したタイミングはいつだったと思いますか？

練習試合に勝てるようになった時ではありません。

決勝戦で大差をつけた時でもありません。

それは、甲子園を決める島根大会準々決勝に勝った後のことでした。

猛暑の中、試合が行われるため、選手たちは試合後にクリニックで休養を取ります。その時、ある選手がクリニックの入り口のめくれたマットを整える姿をたまたま見かけました。

その選手は、入学してからも私生活に問題があり、何度も謹慎するような生徒でした。だから3年生になるまで、力はあってもなかなかチャンスをもらえず、くすぶっていました。監督さんもあの手この手を使い、口酸っぱく諭しましたが、最後に行動するのは選手自身です。効果はなかなか出なかったのですが、それでも監督さんの言葉は少しずつ彼に届いていたのでしょう。

入学当初からまともに挨拶もしない、眉毛は剃る、制服も正しく着ない、そんなふうだった彼が、自分が乱していないクリニックのマットを整えた。

その瞬間、理屈ではなく何かひらめいたような感覚で「今年は勝てる。甲子園に行ける」と思ったのです。

「凡事徹底」の大切さを実感した出来事でした。

◆「疑う当たり前」と「大事にする当たり前」

「凡事徹底」が大切だと信じてきた僕は、社会人になって戸惑いました。「当たり前を疑え」と言われることが増えたからです。

社内の人間からだけでなく、様々な書籍にも「イノベーションを起こすには、当たり前を壊せ！」みたいなことが書かれています。確かに、現在使っている車や家電製品は、先人たちがイノベーションを起こした結果、生まれたものです。イノベーションが起きていなければ、今でも馬で移動していたかもしれません。洗濯も川でしていたかもしれません。

高校時代に凡事徹底で教わってきた「当たり前」と、イノベーションを起こそうとする時に言われる「当たり前を疑え」の当たり前は、何が違うのか。これまで徹底してきた凡事も、疑った方がいいのか。極論を言えば、人に会ったら本当に挨拶をしなくてはいけないのか？　ゴミが落ちていたら絶対に拾わなきゃいけないのか？　そんなことまで考えました。

ここから先は、「疑う当たり前」と「大事にする当たり前」について触れたいと思います。そもそも「当たり前」とは、人それぞれの基準です。他の国へ出てみると、日本での当たり前が当たり前ではないのだと気付きます。ゴミが街中に落ちている、電車が時間通りに来ないのが当たり前の国も珍しくありません。

職場でも、この「当たり前」の違いが問題を起こします。「部下が何を考えているのかわからない」、「俺らの時代だと考えられないような行動をする」。そんな悩みの多くは、上司と部下の「当たり前」の違いが原因です。特に日本は周りとの同調性が高いため、「普通」や「当たり前」という言葉をすぐに使います。

例えば、欠席の連絡を電話やメールで伝えることが当たり前の上司にとっては、若者がスマホのアプリで欠席の連絡をしてくるのは到底信じられません。当然、怒ります。しかし、僕たちからすれば、休みを伝えることが目的なのであり、その手段は何でもいいのではと思うのです。だから、どうして怒られるのかがわかりません。

この「部下の扱い方がわからない」、「常識が通じないからどうすれば」という悩みは、それぞれの「当たり前」を共有することで解決すると思います。この「当たり前」の違いは、受けてきた教育や環境の違いによるものです。何を教わったのか、何をすると褒められて、何をすると怒られたのか、が大きく影響しています。

上司が自分たちの「当たり前」を話し、部下も自分たちの「当たり前」を伝えることで、両者をすり合わせることは可能だと思います。こうした例は、手段、手法における「当たり前」なので「疑う当たり前」に分類されます。手段や手法は時代とともに変化したり、アップデートされるものだからです。

一方、礼儀や道理は、１００年前も、昨日も今日も大事だと言われてきたものではないでしょうか。おそらく明日も大事だと言われているでしょう。先人たちがはるか昔から大事だと感じ、残されてきたものは「大事にする当たり前」に分類できると思います。

監督さんは「人生の目的は世のため人のために生きること」と言い切ります。僕たちは意図してこの世に生まれてきていません。だから自分のために生まれてきた訳ではないのです。どれだけ時代が変わっても、目の前の人や次の人のことを思う気持ちが込められた「当たり前」は、大事にしていかなければなりません。

最後に幕末の偉人・西郷隆盛氏の言葉を紹介したいと思います。

「道を行うとは、何でもない暮らしの中における心掛け。いわゆる〝偉業〟の類を為したかどうかなど、全くどうでもよいこと。そして、道とは、『この世の全ての存在が幸せになること』」。

まさに、監督さんの目指す「野球を通じた人間教育＝野球道」と同じことを言っています。

◆「一生懸命」が一番難しい

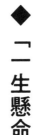

監督さんは、「今の若者は、平和ボケをしている」と嘆きます。

確かに、「困ったことがあっても周りが何とかしてくれる」と考える若者が増えた印象があります。それは親が過剰なまでに生活に介入し、学校が失敗するようなことを最初からさせないというような環境で育ったせいかもしれません。

平和な毎日が当たり前で、自分の思い通りになることさえ当たり前になると思われている時代に、よく口にはするけれど体感できていないと思われる言葉があります。

それは、「一生懸命」です。

さて、突然ですが、あなたがこれまでに命懸けでしたことは何ですか？

「一生懸命」は、ほとんどの人が、これまでに誰かに言われたり、時には自分で使ったりしたことのあるワードだと思います。スポーツをするにしても、仕事をするにしても、何気なく使ってしまう言葉ですが、一番大切で、本当は一番体現が難しい言葉なのではないかと社会人になってから特に思うようになりました。

そもそも「一生懸命」は「一所懸命」から生まれた言葉です。武士が与えられた領地を必死に守る様子を表していて、最近では「一生懸命」の方が広く使われています。「物事を命がけですること、必死」と広辞苑に書かれています。少しキザなことを言うと、一生懸命さは人と比べるものではなく、昨日の自分を超えることです。僕も昨日の自分を超えようと日々、挑戦はしていますが、これはとても難しいなと感じています。

高校時代は、監督さんから「死ぬ気でやれ！　死ぬ気でやっても死なないんやから」と何度も言われました。僕もその当時の自分なりの一生懸命（言葉は適切ではありませんが、相手投手を倒す、殺すくらいの気持ち）を、練習や試合では出せていたと思います。開星高校では、紅白戦や練習試合であっても、気合が入っていなかったり、手を抜いていたりすると厳しく指導が入ります。現役時代、過去に全国優勝したこともある有名校と1度だけ練習試合をした際に、相手校監督からは「練習試合とは思えない緊張感と開星高校の選手の気迫を感じた」と試合後に褒められた（？）こともあります（僕たちのように強くないチームが強者に立ち向かうには、気迫で戦う他ないのも事実です）。

この「一生懸命」を教えるため、監督さんは時にグラウンドの外に飛び出します。戦争の学習を通じて、選手たちに実感させるのです。僕はまさか、高校の野球部で戦争の勉強をするなんて思いもしませんでした。

開星高校では、広島県にある江田島の自衛隊施設で合宿を行います。野球の練習に加え、自衛隊の朝礼に参加したり、集団行動の練習としてカッター体験をしたりもします。

合宿の一番の目的は、隣接する教育参考館で、戦争で命を落とした自分たちと同世代の若者の遺書や遺品などを見て、何かを感じることです。

死を知って、生を知る。

今の教育現場では、なかなか死について教える機会はありません。

好きな野球をするどころか、生きたくても生きることさえできなかった同級生。

命をかけて国のために戦った同級生。

この事実を直視することになります。

監督さんの外見から誤解されるかもしれませんが、決して、戦争自体を美化するミーティングではありません。

死を学ぶことで、生きていることに感謝する、

好きな野球を好きなだけできることに感謝する。

そういう気持ちが自然に芽生えます。

「甲子園に出る！」と覚悟を決めて入部しながら時に気持ちが揺れてしまう年頃の選手たちが、これをきっかけに中途半端に野球をやらなくなります。目付きも行動も変わるの

です。

「武士道と云うは死ぬ事と見つけたり」は、「葉隠」という本の一節にあります。

死ぬことを覚悟して一日を生きる。

明日死んでも後悔がない、今死んでも後悔がない。

高校時代、僕はそう腹を括って野球に取り組んでいました。周りの仲間たちも、強弱はあったにせよ、同じ気持ちだったと思います。明日死んでもいいくらいの気持ちで野球に取り組むなんて、たかが高校の部活動程度で大袈裟だと思われるかもしれません。でも、好きなことに一生懸命になれないでどうするのでしょうか。

それに、高校野球はたった1球で全てが終わってしまいます。勝つか負けるかは、生きるか死ぬかと同義。それくらいの意気込みで戦わないと勝てない。厳しい現実を、高校野球で学びました。

では、この「一生懸命」野球に邁進した経験は、高校を卒業してから何か役に立ったのでしょうか。

結論から言えば、役に立ちました。

高校卒業後、行きたい大学に落ちて1年間の浪人生活を送りました。3年間は野球に全力を注ぐと決め、勉強には力を入れなかったので（本当はこんなことダメですが）、成績は当然のごとく落ちていきました。それでも1年生の頃から、「最悪、浪人すれば何とかなる」と楽観していました。計らずも最悪の形で実現してしまいましたが（笑）、その時にこの経験が活かされたのです。

野球は1万回素振りしたから結果が出る、一番練習したから一番いい結果が出る、そういうものではありません。

しかし、学校の勉強は、1回で覚えられなかった英単語は2回覚える。2回でダメなら3回、3回でもダメなら4回、とできるまで繰り返すことができます。

野球などのスポーツが「実力」とコントロールできない「運」で結果が構成されているとすると、学校の勉強は全て自分でコントロールできる範囲にあるのです。極論、教科書を全て覚えてしまえば大体の問題は解けます。

浪人生活を始めたばかりの頃は、じっと椅子に座っていることすらもきつかったのですが、野球で学んだ「一生懸命」で立ち向かえば、遅かれ早かれ結果は出ると確信していました。辛かった浪人生活を支えたのは、死ぬ気で頑張った高校3年間でした。

どうしても働きたいお店のアルバイト募集の面接で落ちた。もし、本気で働きたいならもう1回、トライする。

どうしても獲得したい案件がダメだった。もし、本気なら他にやり方はないか、全力で探してみる。誰かに相談してみる。

野球でも、打てるまで練習するし、打てるまで打席に立ち続けます。社会に出ても同じです。

もし、「できない」と足踏みしている部下がいたら、何が原因なのか、本当の理由を探ってみてください。

物理的にできないものなのか。

それともそこから逃げるための理由を探しているだけなのか。

できることを全てやってみたのか。

話はそれからです。

どれだけ本気でも、思いは見えないし、数値化もできません。

隣の人より5倍やる気があります、と口で言っても伝わりません。その「一生懸命」な思いは行動で示すしかないと思っています。

一生懸命さは実際に話しただけではわかりません。だから最近、面接だけの採用より、インターンを通して採用する企業が増えているのかもしれません。

僕も「一生懸命」を改めて肝に銘じたいと思います。

あ、上司のあなたにもぜひ、この「一生懸命」な姿を手本として示してもらいたいです！

僕たちは、そこから学びたいのです。

「生きる」意味をしっかりと考え、僕たちは一生懸命生きていきたいと思います（①）

◆千丈の堤も蟻の一穴から

右は監督さんが、僕たちに教えてくれたことわざの1つです。

このことわざは、小さな油断や小さなミス（蟻が穴を開ける）が大きな失敗（強固な堤が崩れる）につながるという意味で、僕は社会人になった今でも心に留めています。たった1人の小さなミスが、会社の存続を危ぶむような事態に繋がる。だから心に隙を作ってはならない。細部をおろそかにしてはならない。そう、肝に銘じています。

そして、細部（蟻の一穴）にこだわることは、素晴らしいものを生み出しもします。心に隙を作らないよう、細心の注意を心掛けることは、個人でする仕事でも、チームでする仕事でも大事です。

開星高校野球部では、監督さんの独自の考えとして、対戦相手の試合をチーム全員で見ることはしません。現在は、プロ野球だけではなく、アマチュア野球界もデータ分析に力を入れるチームが多くなりました。チームによっては、データ収集、分析を担当する部員がいるところもあるくらいです。しかし、僕たちは、監督さんら指導者とエース、キャプテンのみがデータを確認していました。

なぜでしょうか。

みんなで見て、研究した方が、気付くことも増えそうなものです。

監督さんいわく、まともに分析する力もない、自分の心をうまくコントロールもできない、そんな選手たちに相手チームの試合を見せても、相手を「なめるか」、「ビビるか」、どちらかの感情しか残らないからだそうです。なめても、ビビっても、全力で相手にぶつかることは難しくなります。

もちろん、開星高校ではそうだ、ということで、他校には当てはまらないかもしれません。監督さんも「俺も含めてみんなが賢いなら、データ分析もしたかったけどな」と笑いながら言っていました。中途半端にデータを使うよりも、選手の心の隙を作らない方を監督さんは優先しました。

では、〝純粋な挑戦者の意識〟を選手たちに維持させるため、監督さんは大事な試合の前にどんなことをするのでしょう。

その時のチーム状況にもよるのですが、ある日はこんな話をしました。

「武士の子どもが泣いて帰ってきた。母親は、いったいどうしたのかと尋ねた。子どもは『けんかをして負けたが、相手は自分より長い木刀を持っていたのでひきょうです』と返事をした。母親は毅然として『情けない。それでもあなたは武士の子ですか！　相手の木刀が長ければ、自分の短い木刀が相手に届くところまで、なぜ勇気を持って踏み込まないのですか！　なぜ身を捨てて相手の懐に飛び込まないのですか！　あなたは武士の子ですよ！』と強く諭したという」。

そして、野球部のコーチを向かいに立たせ、監督さんがその様子を実演します。

僕たち選手は、気迫のこもった実演を食い入るように見つめました。

「相手の刀は頭の上。バッサリやられるかもしれない。命を捨てる覚悟で飛び込まなきゃ、弱者は勝つことができない。これが、『身を挺する』ということなんだ。『捨ててこそ浮かぶ瀬もある』という言葉通り、まず捨て身になることだ。お前らが勝つにはそれしかない！　技術や理屈じゃない。強い〝魂〟が必要なんだ」。

相手によって戦い方を変えても、心構えは変わりません。

格下と言われる相手を決して侮ることなく、どれだけ相手が強いと言われていてもビビらず、戦う姿勢を持ち続けることが、勝つためには必要です。

勝ってテングにならず、負けて卑屈にならず――。

監督さんの指導には、「武士道」の雰囲気が漂います。

固定観念や先入観を取り除くこと。
心の隙を作らないこと。
この2つが、戦う時に大事な心構えです。
「実力」を発揮するための「心」を育てることが、結果的にチームを強くするのです。

２０１１年夏の甲子園でのワンシーンを、監督さんが描いてくれました。２年生捕手のけがで、背番号４を付けて急きょ捕手を務めた僕と、後にプロ野球・ソフトバンク、ＤｅＮＡで活躍したエースの白根尚貴がマウンドで打ち合わせるところです。チームは２回戦で日大三（西東京）に敗れましたが、最後まで「純粋な挑戦者の意識」を持って戦いました（①）

◆「そんなのできない！」ができない原因

本気で甲子園を目指す監督さんが、選手たちを鍛える時に気を付けていたのが「脱・固定観念」です。どれだけリーダーの監督さんが「甲子園に行く！」とか「全国制覇をする！」と鼓舞しても、実際にプレーする選手たちが無理だと思ってしまったら、できることもできなくなってしまいます。まずはリーダーが、目指す山の頂上をチームメンバーの視界に入れなければなりません。

監督さんが勇退するまでの最後の約10年間、開星高校は運よく甲子園に何度も出場する機会があったので、「甲子園出場なんて無理だ」と頭から否定する選手はいませんでした。開星高校時代の後半は、明確に甲子園出場を目指して入学してくる選手ばかりだったと思います。

しかし、最初に赴任した府中東高校や開星高校の前身、松江第一高校の野球部は、甲子園という目標を掲げることすら周りから笑われてしまうようなチームでした。

そんな時代のある日、監督さんは選手を集めたそうです。

そして目の前で風船を膨らませ、選手たちに針を渡してこう言いました。

「割らずに刺してみろ」。

選手たちからは「無理だろ！」のオンパレードです。時間が経っても、誰もやろうとはしませんでした。しかし、風船はある一定の角度と強さで針を刺すと割れないのです。無理だと思っていた選手たちは、針が刺さった風船に驚きます。拍手喝采が起きるほど、その場は盛り上がりました。

監督さんがこの〝実験〟で伝えたかったのは「やってもいないのに、始める前から無理だと決め付けて、考えることや行動することをやめていないか」ということです。「無理だ」という思い込みこそが、自身の行動を狭めてしまっていると選手たちにリアルに感じてほしかったのです。「俺たちにもできるかもしれない」と思ってもらいたかったのです。野球から離れた事象で、野球でも大事なことを教えるのが監督さんです。

肉体と精神のぶつかり合いであるスポーツは、絶対に勝てないだろうと思われている相手に勝ったり、できないと思われていることを覆せたりするのも魅力の1つです。でも、その奇跡は「自分たちはできる」と信じてきたチームだけが、起こせると思っています。口だけで「君たちでもやればできるんだ」と伝えても、人生経験が浅い選手たちにはなかなか理解できません。

では、どうするか。

監督さんのようにやってみせることです。

さらに、毎日の練習で選手たちに「昨日できなかったことが、今日はできるようになった」という小さな成功体験を積み重ねさせる。

これらによって付けた自信で、選手たちは「やればできる」を信じられるようになります。監督さんはこうして、就任から6年目以内に本当に両校を甲子園に出場させました。

監督さんは「自分では限界だと思っていても、もう少し頑張れば君ならできるよ、と教えることも教育」と言います。とはいえ、何でもかんでも限界を振り切らせようとする訳ではありません。大前提として、選手自身が設定している限界と本当の限界に差が大きくある場合です。僕が「安田の限界はそんなもんか？」と言われたように、選手の限界の設定値が甘い場合に背中をグッと押すのです。もちろん、この差を正確に判断するには、選手たちの力量を毎日の練習や生活から把握する必要があります。へたをしたら、けがをさせてしまうからです。毎日のコミュニケーションがあるから、本当に選手の限界が来た時には、すぐに止めることができました。それをするのが、リーダー（上司、先輩）の役割です。

限界を簡単に自分で引かせないことは大事です。

自分で思っている限界を超えると、新たなステージが現れます。

限界は常にアップデート可能なのに、自分で自分の限界を決めてしまってはもったいないと思います。

例えば、筋力トレーニングは、毎日10キロの重さだけで続けていても強くはなりません。11キロ、12キロと徐々に重量を増やすことで、だんだん強くなっていくのです。決して無理をしろ、と言っている訳ではありません。けがをしたら、意味がありません。

もうひと踏ん張りのところ、土俵際で粘る気持ちの強さを養う。

これは社会に出てからも、絶対に必要なスキルです。

昨日より今日。

今日より明日。

自分の可能性が膨らんでいくことに、楽しさを見い出せれば理想的です。

不幸と感じる
その心が不幸
幸せと思えば
それで幸せ
直通

幸、不幸も、できる、できないも、全ては自分の気持ち次第です（①）

◆弱った人には寄り添わない

最後に、監督さん独特の〝再生法〟について触れたいと思います。

僕が小さい頃はまだ、外で遊ぶ機会が多かったです。振り返ってみると、危険察知能力やけがをしない術は、外で遊ぶことで自然と学んでいた気がします。

それが最近では守られ過ぎていて、子どもが危険な場所に近付くことや、最初からうまくいかなさそうなことにトライさせる機会が圧倒的に減っています。

ボール遊びを禁止する公園も増えて、自由に遊べないから、家の中でゲームをする子どもも増えているようです（これからますますゲームする子どもが急増しそうです）。

それで事故やけがは減ったかもしれませんが、同時に弱い子どもを作ってしまっているのではないでしょうか。

学校教育までも「ゆとり教育」やら、僕たち「さとり世代」が受けた教育などで、子どもを楽な方に楽な方に追いやっています。

この状況を、監督さんは誰よりも危惧しています。

監督さんはミスしたり、苦しんだりしていた選手に、いつでもどこでも必ず寄り添う訳ではありません。最近の教育界では「落ち込んだ生徒がいたら、その人と目線を合わせて一緒に頑張ろうと鼓舞するように」と指導されるそうですが、監督さんはそんなことは断固反対です。「え、それってひどくない？」とか「さんざん生徒のためを思って指導していると言っていたのは、嘘だったの？」なんて思う人がいるかもしれませんが、ちょっと待ってください。

監督さんは「プラスの感情を持った人間が、わざわざマイナスの感情を持った生徒に向かって階段を降りていく必要はない」と言っているのです。マイナスの感情にただ寄り添うのではなくて、自分のプラスの「気」で生徒のマイナスの感情をプラスに変えようと考えるのです。

昔、学校が嫌で保健室登校していた女子生徒に、監督さんは毎日「おはよう、元気か？」と声を掛けていました。保健室の先生は「そっとしておいてください」と必死に止めます。それでも監督さんは、毎日声を掛け続けました。彼女は少しずつ監督さんの呼び掛けに応えるようになり、笑えるようになり、最終的にはクラスに戻れるほど元気になりました。

もちろん、それが可能になった要因は様々あります。万人に効果のある方法ではないかもしれません。それでも、弱った人に寄り添うだけが正解ではないということはわかると思います。

実際に社会人になってみると、学生時代のように1から10までは、誰も教えてくれません。社会には考えたこともなかった矛盾がたくさんあり、カオスな日々に翻弄されます。毎日のように板挟みにあい、驚くほど何も想定内に物事は進みません。

「僕の受けた学校教育って、本当に意味あったんだっけ？」

何度もそう思いました。

しかし、そんな状況を乗り越える原動力になったのが、高校時代に監督さんから「自分で何とかせい」と言われながらもがいた野球部での3年間でした。たくさんの人の支えがあって、今がある。それは言うまでもありません。心から感謝もしています。でも、最後の最後は自分の力です。最後まで助けてくれる人は誰もいないからです。

監督さんの厳しくも優しい教えが、自分で乗り越える力を付けてくれたと思っています。矛盾があって、苦悩があって、それでも耐えて這い上がった経験が、僕の太い柱になりました。

「可愛い子には旅をさせよ」と昔から言われます。楽をさせたり、楽しませたりするだけでは、強い人材を育めません。寄り添うだけが、教育ではないのです。

もし、あなたの周囲に弱っている部下がいたら、すぐにその人のところまで階段を降りて寄り添うのではなく、一度冷静に考えてみてください。

ひょっとすると、たった一言のあなたのヒントで解決するかもしれません。

監督さんのように、自らが持つプラスの気で、マイナスの感情をプラスの感情に引き上げられるかもしれません。

未来はどうなるかわかりません。

でも、僕は監督さんからもらった財産を生かして、辛いことも悲しいことも全部楽しみながら人の人生に関与できる人生を歩んでいきたいと思います。

脚注出典、参考文献

VUCA　THINK ACT（rolandberger）
https://rolandberger.tokyo/rolandberger-asset/uploads/2018/04/Roland_Berger_Shiten100_20140930.pdf

計画的偶発性理論　https://leadership.shikigaku.jp/111/
https://www.hrpro.co.jp/glossary_detail.php?id=121

無財の七施　https://ichigu.net/pillar/service02.php
http://www.hokkeshu.jp/houwa/031.html

ノブレス・オブリージュ　「徳」がなければリーダーにはなれない「エグゼクティブ・コーチング」がなぜ必要か（PHPビジネス新書）　岩田松雄氏著

橘曙覧　http://www.fukui-rekimachi.jp/tachibana/

限界効用逓減　マンキュー経済学Ⅰ ミクロ編（第４版）（東洋経済新報社）N・グレゴリー・マンキュー氏著

バタフライエフェクト　非線形科学 同期する世界（集英社新書）　蔵本由紀氏著

武士道（ちくま新書）　新渡戸稲造（山本博文氏訳・解説）

葉隠（三笠書房）奈良本辰也氏訳・編

知識想像の方法論－ナレッジワーカーの作法－（東洋経済新報社）　野中郁次郎氏、紺野登氏著

話し言葉で読める「西郷南洲翁遺訓」（PHP文庫）　長尾剛氏著

広辞苑第７版（岩波書店）

さいごに

僕が監督さんと出会って人生が変わった時と同じように、この本が誰かのためになっているのか、誰かの人生に少しでもよりよいものを提供できているのか。明日の景色を変えられているのか。自問自答しながら、何とかここまで書き上げることができました。

21世紀になり、情報化社会が急速に進みました。大抵の情報はほしい時に手に入り、何もしなくても毎日大量の情報が目に入ってきます。そのため、「知らない」ことにかなり敏感な世の中になったように感じます。情報を得ることばかりに躍起になり、「知らない＝悪いこと」と捉えられがちです。僕もただ知らなかったことで、冷たい視線を浴びた経験があります。

しかし、情報量が増えたからと言って、技術が急速に発展したからと言って、倫理観が急速に発達した訳でも、思考能力、判断能力が高まった訳でもありません。むしろ影響力のある意見に煽られて、少し考えれば間違っているとわかることも、事実が事実かどうかさえ自分で調べることなく信じてしまいます。挙げ句の果てには周りの人や情報に流されてばかりです。そんな人たちが意味や意図を何も汲み取ろうとせずに、本書のタイトルにもなっている「これって意味ありますか？」という質問をするのではないでしょうか。

僕はこの問いに対して、全力で「全てに意味があります」と答えたいです。

テストに出ない勉強はしなくていいのでしょうか。

正解が見えないものには、取り組まなくていいのでしょうか。

そんなことはないはずです。

まず、やってみる。頭の中でではなく、体を動かして初めて得られるものは多いと思います。そして監督さんが大事にしてきた、時代が変わっても変わらない普遍的なことに立ち返る時が来たと思います。

また、民主主義では、例え間違った意見だったとしても、マジョリティーの声が最も影響力を持ちます。事実や理屈ではなく、その時の感情だけで声を荒げ、叫んだことが、世の中の〝正〟になっていないか不安を感じることがあります。

何が〝正〟なのかを見極める時は、その事柄や考えを、見えている表面だけでなく、裏から横から、時には斜めから捉えてみることが必要です。でも、事象は多角的に捉えられると知らないと、そのような見方はできません。本書では、それができるようになる「心の使い方」を、監督さんの教えを引用しながらお伝えしてきたつもりです。

今日の正解が、明日には不正解になっているかもしれません。

そんな時代を生きていくために、僕たちはどうすればいいのでしょうか。

周りの人たちと、手を取り合えばいいと思います。僕もあなたも、たくさんの人から支えられています。人は一人では生きていけません。人は人に生かされているのです。

だから、監督さんのいう「世のため人のために生きる」、「人生の目的は人に喜んでもらえる人になること」の2つを、ぜひ心に留めていただきたいです。

つまり、「誰の」「何を」幸せにしたいのか。急速に進歩するAI（人工知能）が持っていないこの「意志」を一人ひとりが持つことができれば、たとえ困難にぶち当たっても世の中がもっと輝いて見えるはずです。

人は一人では微力です。

しかし、決して無力ではありません。

小さくてもいい。明日からでもいいんです。

本書で取り上げた「無財の七施」のように、少しの心配りでできることはたくさんあります。ほんの少しの行動と、ほんの些細な一言が、あなたの隣の人を幸せにします。

そして、幸せは次の人から次の人へ、伝染していきます。バタフライエフェクト（※注）と呼ばれる大きな影響を与えた、一匹の蝶のように。

これからの社会がもっと優しさや笑顔で溢れるように、僕も微力ながら行動していきたいと思っています。本書が、あなたの、何かのスタートになりますように。

本当に最後になりますが、「想い」だけだった僕を最後まで信じてくださった報知新聞社の南公良ビジネス局次長、形にするために週末返上で何度も丁寧にご指導くださった三宅広美出版部次長、ステキな表紙を描いてくださった夏来怜さん、ご協力くださった全ての関係者、スタッフのみなさま、本当にありがとうございました。そして、これまで僕と関わってくださった全ての先輩、同期、後輩のみなさま。ともに過ごした全ての時間が僕を形成しているんだなと強く思いました。これからはみなさま一人ひとりに何か恩返しできるように精進します。今までありがとうございました。そして、今後ともよろしくお願いします！

僕のもう一人の恩師、鈴木寛教授からいただいた言葉でこの本を締めたいと思います。

全てのきっかけは、小さなご縁から――。

※注　バタフライエフェクトとは、初期条件の僅かな差が、その結果に大きな違いを生むこと。チョウがはねを動かすだけで遠くの気象が変化するという意味の気象学の用語を、カオス理論に引用したもの。日本語のことわざ『風が吹けば桶屋が儲かる』と似た意味。

安田　諒平（やすだ・りょうへい）

1993年7月10日生まれ、福岡県出身。開星（島根）では3年夏（2011年）の甲子園に主将で出場。「島根のジャイアン」の愛称で親しまれた白根尚貴選手（ソフトバンク-DeNA-愛媛マンダリンパイレーツコーチ）の急造捕手として、1回戦で柳井学園（山口）に勝利。2回戦ではその年の優勝校・日大三（西東京）と接戦を繰り広げた。同校の野々村直通監督を今でも師と仰ぐ。高校卒業後1年の浪人生活を経て、慶應義塾大学に進学。同大学の体育会硬式野球部所属。大学では元文部科学省大臣補佐官の鈴木寛氏が開講する「すずかんゼミ」に所属。現在は大手一般企業に就職して今年で4年目を迎える若手社員。将来はスポーツや教育に従事したいと日々精進している。

ご意見、ご感想、ご質問は、お名前をご記入の上、下記アドレスへお願いします。
koreimi.info@gmail.com

野々村直通（ののむら・なおみち）

1951年12月14日、島根県出身。大東、広島大では内野手。広島大教育学部美術科卒業後、1974年に府中東（広島）に赴任。「5年で甲子園に行く」と宣言し、6年目の79年にセンバツ出場へ導く。開星では創設に伴い監督に就任し、春2回、夏7回、甲子園に出場。2010年センバツでの舌禍事件の責任を取って監督を辞任したが、約8000人の復帰嘆願書が集まり、2011年に監督復帰した。美術科教師で「山陰のピカソ」とも呼ばれ、警察学校の似顔絵教師をしていたこともある。監督引退後は島根県で絵画のギャラリーを開きながら、教育評論家としてテレビや新聞、講演会などに出演。2020年春に開星監督に復帰。

2020年5月1日　初版

甲子園の名将に学ぶ、これって意味ありますか？とすぐ聞く若手の褒め方・叱り方

著　者　安田　諒平
発行人　白浜　浩
発行所　報知新聞社
〒108-8485　東京都港区港南4-6-49
電話03（5479）1285（出版部）
カバーデザイン　夏来　怜
印刷＆本文デザイン　図書印刷株式会社
ISBN 978-4-8319-0165-1
